刑法入門

山口 厚
Atsushi Yamaguchi

岩波新書
1136

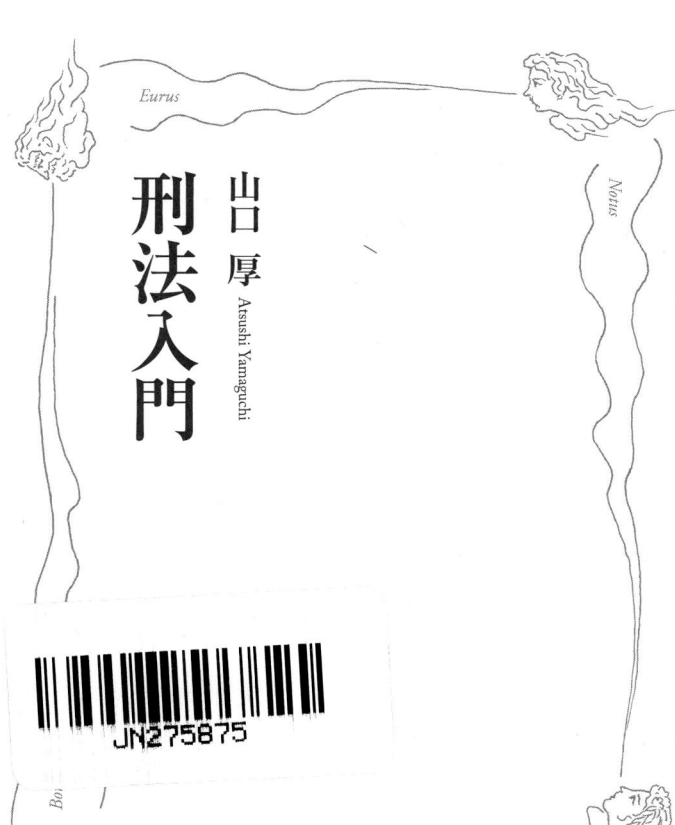

はしがき

刑法、それはどんな法なのでしょうか。一口にいえば、それは犯罪についての法だといえます。では、犯罪とは何で、どんなときに人は犯罪を犯したことになるのでしょうか。

人殺しは殺人罪という犯罪です。しかし、誰かが何らかの行為を行い、それで人が死んだとしても、殺人罪が本当に犯されたかは、実は必ずしも明らかではありません。そうだといえるためには、その前に考えなければならないことがいくつもあるのです。本書は、読者のみなさんと一緒に、犯罪について考えようとするものです。

出刃包丁でAの胸を狙って刺し、それでAが死ねば、それはもちろん殺人です。では、次のような場合はどうでしょう。早朝、駅に急ぐ途中、人通りのない路上でお腹から血を流して倒れているBをみつけたのですが、「誰かが救急車を呼ぶだろう。急がないと仕事に間に合わない」と、一一九番通報せずにその場から立ち去りました。別の通行人がBを発見したときには、Bはすでに手遅れで死んでしまったという場合です。道義的には、もちろん、一一九番通報して救急車を呼ぶべきでしょう。しかし、自分の仕事も大切です。それを犠牲にして人助けをしないと殺人罪で処罰されるのでしょうか。

喧嘩《けんか》相手に殴られ、怪我を負ったCが救急車で病院に運ばれる途中、その救急車が交差点で大型タンクローリーと衝突して燃え、Cが焼け死んだとき、Cを殴った人はCに怪我をさせただけでなく、Cを殺したことになるのでしょうか。救急車が無事病院に着いて入院した当夜、病院が放火で全焼し、Cが焼死した場合はどうでしょうか。殴られても、普通は死なない程度の怪我なのに、Cには特殊な持病があったために死亡した場合はどうなのでしょうか。

Dを殺そうと拳銃を発射して銃弾は命中したのですが、実は人違いで、死んだのはEだったというとき、狙った相手を殺した以上、Eをわざと殺したことになるのでしょうか。そうではなく、間違ってEを殺してしまったのでしょうか。では、Fを殺そうと拳銃を発射したところ、銃弾は外れ、近くを歩いていたGに流れ弾が当たってGが死んだときはどうでしょうか。

人に怪我をさせたり、人を殺したりすることは犯罪ですが、Hからいわれのない攻撃を受けたときには、正当防衛として反撃し、自分の身を守ることができます。では、Hから攻撃されて、逃げればすむのに、あえてHに立ち向かって反撃したという場合でも正当防衛になるのでしょうか。Hに怪我をさせる程度で撃退できるのに、護身用にもっていたナイフでいきなり刺し殺した場合にはどうでしょうか。

これらの問いに答えることができて、はじめて、殺人などの罪が犯されたかどうかが明らかになるのです。これらの問いはちょっと考えただけで簡単に答えがでるというようなものではありません。しかし、これらの問いについては、これまでにさまざまな議論が行われ、誰もが同じ答えになるというわけにはいかないとしても、それに対して答えを出すことができるようになっています。犯罪について考えるということは、これらの問いについて考え、それに対する答えをみつけることなのです。

人を罰するというのは大変なことです。それは、人の一生を左右する重大事であるといえましょう。それだけに、罪が犯されたかどうかは、しっかりとした判断によって支えられる必要があるといえます。とくに、このことは処罰される身になってみればあまりにも当然のことでしょう。近々裁判員制度が導入され、刑事裁判に一般の国民が参加することになります。国民の一員である私たちとしても、これらの問いに無関心ではいられません。本書では、犯罪とは何かという問題について、考えてみたいと思います。

本書では、次のように考えを進めたいと思います。まず、第一章では、罪を犯したときに科される刑罰について考えます。犯罪とは刑罰が科される対象ですが、まず、刑罰の内容、刑罰を科す手続、そして刑罰の意義について考えてみたいと思います。

次に、第二章では、犯罪はどのように定められるのかという視点から、犯罪について考えます。犯罪を定める罰則とその運用に関するいくつかの問題について考えることにしたいと思います。

第三章では、第一章・第二章で考えたことを前提として、いよいよ、一体犯罪はどのようなときに成立するのかという問題の検討に移ります。先に触れたように、罪を犯したというためにクリアする必要のあるさまざまなハードルについて考えてみます。

最後に、第四章では、普通は犯罪となるものでも、例外的にそうならない場合について考えます。元来犯罪であるものが一体どのような理由から罰せられないことになるのでしょうか。ここにも、考えるべき多くの問題が潜んでいます。

本書を最後まで読まれれば、そのときには、犯罪に対する新たな視野が開かれることと思います。読者の方々が、そうした目で、世の中で日々起こっている犯罪現象について関心をもち、考えていただくことができれば、筆者としては願ってもないことです。

目次

はしがき

第一章　犯罪と刑罰とは何なのか……1

1　罪と罰　2

2　刑事手続のあらまし　25

3　法的な禁止の対象――犯罪　32

4　法的な禁止の手段――刑罰　44

第二章　犯罪は法律で作られる……57

1　罪刑法定主義とは　58

2　法律で罰則を定める　62
3　罰則は制定前に遡って適用できない　74
4　許されない罰則――内容の適正さ　85

第三章　犯罪はどんなときに成立するのか……99
1　犯罪の成立ち　100
2　犯罪被害――結果　103
3　行為と結果の結び付き――因果関係　109
4　犯人の行為とは　126
5　犯人の意思――故意・過失　149
6　犯罪のかたち――未遂と共犯　163

第四章　犯罪はどんなときに成立しないか……173

1　犯罪の成立が否定される場合　174
2　違法性がなくなる理由　179
3　正当防衛　204
あとがき……………………………………223
索　引

第一章　犯罪と刑罰とは何なのか

1　罪と罰

犯罪とは何だろうか

私たちは、人を刃物で刺し殺せば、「人殺し」という罪を犯した者として処罰されることを知っています。また、電車の網棚に置かれた他人のバッグを勝手に持ち去れば、「盗み」という罪を犯した者として処罰されることも知っているでしょう。これらの行為は「犯罪」ですが、それは単に道徳的に「悪い」行為というだけではありません。「法によって禁止された行為」なのです。

日本では、ある行為が犯罪として処罰されるためには、そのことが法律に定められていることが必要です。現に、「人殺し」や「盗み」は、「刑法」という名前の法律の中に規定があります。刑法は、明治時代に当時の帝国議会によって制定された法律で、一九〇七(明治四〇)年に公布され、その翌年から施行されています。この法律の中には、「人を殺した者は、死刑又は無期若《も》しくは五年以上の懲役に処《しょ》する」(刑法一九九条)ですとか、「他人の財物を窃取《せっしゅ》した者は、窃盗の罪とし、十年以下の懲役又は五十万円以下の罰金に処する」(刑法二三五条)という定めがあります。これによって、殺人罪、窃盗罪という犯罪として処罰されることになっているわけです。刑法には、「人を殺してはならない」ですとか、「他人の物を盗んではならない」とは書かれてはいません。けれども、こうした行為が禁止されるということは、「〇〇した者は、……に処する」という表現の当然の前提とされているのです。

法によって禁止された行為にはさまざまなものがあります。たとえば、私たちの個人情報を保護する「個人情報の保護に関する法律」(個人情報保護法)は、一七条で、「個人情報取扱事業者は、偽りその他不正の手段により個人情報を取得してはならない」と定め、不正な手段で個人情報を取得することを禁止しています。そして、個人情報取扱事業者がその禁止に違反した場合には、「主務大臣は、……当該違反行為の中止その他違反を是正するために必要な措置をとるべき旨を勧告することができる」(三四条一項)とされています。さらに、「正当な理由がなくてその勧告に係る措置をとらなかった場合」には、「主務大臣は、……その勧告に係る措置をとるべきことを命ずることができる」(同条二項)とされてもいます。こうして、不正な手段による個人情報の取得禁止の違反に対しては、主務大臣によって是正勧告・是正命令がなされることが定められているのです。法による禁止が確実なものとなるためには、違反に対して何らかの措置・対応が必要となります。この場合には、処罰ではなく、主務大臣による是正勧告・

是正命令がそれに当たるわけです。

これに対して、同じように法によって禁止された行為の中で、犯罪の特徴とは一体何でしょうか。それは、法が定める禁止の違反に対しては、「刑罰」の付科(処罰)という特別の措置が執られるということです。つまり、法的禁止を確実なものとするために刑罰が用いられているということが犯罪の特徴なのです。ちなみに、個人情報保護法では、主務大臣の是正命令に違反した個人情報取扱事業者に対しては、六月以下の懲役または三〇万円以下の罰金が科されることになっていますので、主務大臣の命令違反は犯罪とされているのです(七四条参照)。法による禁止が守られ、現実に意味をもつためには、その違反に対して何らかの措置を執ることが必要ですが、そうした措置が賠償金の支払いや懲戒処分・行政処分などではなく、刑罰であるところに犯罪の意義や特殊性があるのです。

このように、犯罪とは、「法によって禁止され、その違反に対して刑罰が科される行為」を意味します。本章では、まず、このような「法的な禁止」と「処罰」の意味について、現在の一般的な理解とそれと違う理解とを対比しながら、考えてみることにします。犯罪、そして刑罰は、誰でもが避けて通りたいものですが、常に避けて通れるとは限りません。これらについての理解を内容豊かなものとすることは、現在の「危険社会」に生活する私たちにとって必要で有益なことと思うのです。

では、まず、法的な禁止に違反した場合に加えられる刑罰について、そのあらましをみることにしましょう。

日本の刑罰とは

日本には一体どのような刑罰が存在するのでしょうか。

刑罰が何かは刑法で定められています。刑法九条をみると、そこには、刑罰として、死刑、懲役、禁錮《きんこ》、罰金、拘留、科料、没収が定められています（なお、このほかに、罰金や科料を完全に納めることができない場合に、それに換わる刑として「労役場留置」が定められていますし、また、没収ができなくなった場合に、犯罪で不正に得た利益を犯人に残さないため、没収に換わる刑として「追徴《ついちょう》」が定められています）。これが、日本にある刑罰のすべてです。

日本には、これら以外の刑罰は認められておらず、存在していません。これらの刑罰は、罪を犯して刑を受ける者の生命や自由、財産を害することをその内容としています。この意味で、日本では現在、生命刑（死刑）、自由刑（懲役・禁錮・拘留）、財産刑（罰金・科料・没収）だけが認められているのです。つまり、鞭打ちや手の切断というように、身体を傷つけ、害することを内容とする刑(身体刑)は、日本では認められていないわけです。

どのような種類の刑罰を定めることが許され、どんな種類の刑罰が許されないかについて、日本の憲法は、「残虐な刑罰は、絶対にこれを禁ずる」という制限を定めています(憲法三六条)。それでは、「残虐な刑罰」とは一体何でしょうか。最高裁判所は、火あぶり、はり付け、さらし首、釜ゆでなどは残虐な刑罰に当たるが、死刑それ自体は残虐な刑罰に当たるとはいえないとしています(最高裁判所一九四八年三月一二日大法廷判決)。そうだとしても、生命刑としての死刑は、最も重い究極の刑罰(死刑は、極刑とも呼ばれています)ですから、現在、重大な犯罪に対する刑としてごく限られた範囲で認められているにすぎません。今日の社会では、人の自由や財産の価値が大変重要ですから、自由刑や財産刑が刑罰として十分な重みと威嚇《いかく》力をもつようになっているのです。

死刑

死刑は、罪を犯した者の生命を奪う刑です。刑事施設内で絞首して執行すると法律上定められていて、日本では絞首刑だけが認められています(刑法一一条一項)。外国では行われている「電気いす」や薬剤の注射による処刑などは認められていません。

死刑という刑の内容は、受刑者からその生命を奪うことに尽きるのですが、死刑執行までの間、執行に備えて、死刑の言渡しを受けた者は刑事施設に収容(拘置)されることになっています(同条二項)。刑の執行は、一般に検察官が指揮することになっていますが(刑事訴訟法四七二条以下)、死刑の執行は、一旦執行すると取り返しがつかないものであるため、とくに法務大臣の命令で行うことになっているのです(四七五条一項)。この命令は、判決が確定した日から六か月以内に行わなければならないと定められています(ただし、たとえば再審請求がされている場合にはその手続が終了するまでの期間は六か月に含まれません(同条二項参照)。こうしたこともあり、実際には、死刑の言渡しを受けながら、執行がなされずに長期間刑事施設に収容されるという現象がみられるようになっています)。なお、法務大臣が死刑の執行を命じたときは、五日以内に執行が行われます(四七六条)。

人の生命はかけがえのないものですから、国が人の生命を奪うという死刑制度自体に対しては、反対の意見(死刑廃止論)が主張されてきました。また、ヨーロッパを中心に死刑を廃止した国も数多くあります。しかし、日本では憲法自体が、人の「生命……を奪はれ」ることがあることを予想・想定しています(憲法三一条)。このようなこともあり、すでに触れましたが、最高裁判所は、死刑は憲法が禁止する「残虐な刑罰」には当たらず(最高裁判所一九四八年三月一二日大法廷判決)、憲法違反ではないと判断しています(最高裁判所一九五一年四月一八日大法廷判決、最高裁判所一九五八年四月一〇日判決)。

こうして、死刑は憲法違反ではないとされているのですが、死刑を維持・存置するか、それとも廃止するかは、刑事立法政策上の重要な問題だといえます。近年、死刑判決の数が増えていますが、これは重大犯罪に対する社会の厳しい態度が裁判所の判決に反映したものと考えられます。逆説的ですが、このようなときにこそ、死刑について冷静な検討がより一層必要です。EU諸国では死刑はすでに廃止されており、また、死刑制度を存置しているアメリカでも、ニュージャージー州は二〇〇七年一二月に死刑を廃止しています。

自由刑――懲役・禁錮・拘留

懲役・禁錮は、人の所在・移動などの自由を拘束し制約することを内容とする刑罰(自由刑)です。懲役・禁錮には、終了期限のない無期懲役・禁錮と、期限のある有期懲役・禁錮とがあり、有期懲役・禁錮における拘禁の期間は一月以上二〇年以下とされています(刑法一二条一項・一三条一項参照。なお、有期懲役・禁錮を加重する場合には、三〇年にまで上げることができ、減軽する場合には、一月未満に下げることができます。一四条)。もっとも、無期禁錮は、内乱罪の首謀者や謀議参与者・群衆指揮者に対する刑（七七条一項一号・二号参照）や爆発物使用罪の刑（爆発物取締罰則一条参照）などとして定められているくらいで、現在、実際に適用されることはないといってよいでしょう。ちなみに、この「爆発物取締罰則」は、一八八四（明治一七）年に公布された太政官布告で、一九〇七（明治四〇）年に公布された現行刑法よりも古い罰則ですが、現在でも法律としての効力があるものです。

これらの刑の言渡しを受けた者は刑事施設に拘置されます。法務省法務総合研究所編『平成一九年版　犯罪白書』によれば、二〇〇七年四月一日現在、刑事施設は、全体で、本所が七五施設（このうち、刑務所六〇、少年刑務所八、さらに拘置所七）、支所が一一二施設（刑務支所八、さらに拘置支所一〇四）あります。また、二〇〇六年一二月三一日現在、既決受刑者の収容定員六万二〇七七人に対して、実際の収容人員は七万一四〇八人と収容定員を上回る過剰収容の状況となっています。

懲役と禁錮との差は、「所定の作業」（刑務作業）が刑の内容となっているか（懲役）、そうでないか（禁錮）にあります。もっとも、禁錮受刑者も申し出て作業を行うこと（請願作業）ができ、実際にはほとんどの禁錮受刑者が作業を行っているというのが実態です（『平成一九年版　犯罪白書』によれば、二〇〇七年三月三一日現在、禁錮受刑者のうち、八七・七％の者が作業に従事しています）。刑務所の中で何もせずに過ごすのはつらいことですから、このような状況は理解できるでしょう。

なお、作業の収入は国庫に帰属しますが、受刑者に対しては釈放の際、「作業報奨金」が支給されることになっています（一人あたりの一か月の平均計算高は、二〇〇六年で約三九五〇円です）。これは、金額からもわかるように、作業に対する「給与」ではありません。以前は「作業賞与金」と呼ばれていました。現在は「報奨金」となり、報酬としての性格が強まったとはいえるでしょう。

受刑者が行う作業としては、木工、印刷、洋裁、金属などの生産作業、炊事、清掃、介助、施設修繕などの自営作業、さらに職業訓練があります。このほか、受刑者に対しては、犯罪の責任を自覚させ、社会生活に適応するために必要な知識や生活態度を修得させるための改善指導、学校教育に準ずる内容の教科指導などの矯正指導が施されています。

元来、禁錮は「非破廉恥罪《ひはれんち》」に対する刑罰とされていました（破廉恥罪とは、道徳的に非難される動機によって犯される犯罪のことをいいます）。「非破廉恥罪」とされているのは、政治犯や過失犯などで、これらの罪には禁錮刑が定められています。たとえば、「国の統治機構を破壊し、又はその領土において国権を排除して権力を行使し、その他憲法の定める統治の基本秩序を壊乱することを目的として暴動」する罪である内乱罪(刑法七七条)には、死刑のほか、自由刑としては禁錮刑が定められています。また、「業務上必要な注意を怠り、よって人を死傷させた」罪である業務上過失致死傷罪(二一一条一項)にも、禁錮刑が定められています(なお、この罪には、現在は懲役刑も定められていますが、元々は禁錮刑のみが規定されていました)。

このように、作業が刑の内容かどうかの違いで、懲役と禁錮という別の種類の自由刑を認めていますが、このことには問題があると指摘されてきました。第一に、犯罪の中で、国が「破廉恥」なものとそうでないものとを区別すること自体に、一定の倫理的価値観を公に認めることになるという基本的な疑問があります。第二に、作業・労働を「破廉恥罪」に対する刑の内容とすること自体にも疑問が出されています。つまり、それによって、労働を蔑視する意識をもたらすことになるのではないかという疑問です。第三に、「所定の作業」が懲役刑の内容とされることから、懲役受刑者には作業をさせることがぜひとも必要なわけで、そうでないと懲役刑を執行していないことになりかねません。その結果、社会復帰に必要な学習などの処遇を施すことに対する障害となるのではないか、という疑問もあります。

このような理由から、また、実際にはほとんどの禁錮受刑者が作業を行っており、懲役と禁錮とで刑の内容が実際上違わないことなどから、懲役と禁錮の区別をやめて、自由刑を一元化すべきではないかという意見が存在しています（これを、自由刑に異なった内容のものを認めるのではなく、それを単一のものに一元化すべきだという意味で、単一刑論といいます）。このような立場では、刑務作業は、受刑者を処遇する上で意味がある限りで用いられるというように、柔軟に理解されることになるでしょう。

自由刑としては、懲役・禁錮のほかに、さらに、拘留があります（なお、「こうりゅう」という同じ音ですが、罪を犯した疑いで捜査されている被疑者、刑事訴追された被告人に対する未決拘禁としての「勾留」があります。拘留は勾留とは違うことに注意をしましょう）。これは、一日以上三〇日未満刑事施設に拘置される、懲役・禁錮よりも短期間の自由刑（短期自由刑）のことで、軽犯罪法違反の罪など軽微な罪に対する刑として定められています。

刑の執行を猶予する

懲役・禁錮・拘留の刑期は、期限のない無期懲役・禁錮の場合を除くと、事件を審理した裁判所が下す判決によって決められて、言い渡されます。判決を下す裁判所は、被告人に対して三年以下の懲役・禁錮を言い渡すときには、「情状により」刑の執行を一年以上五年以下の期間猶予することができます（猶予する期間は裁判所が決定します）。これを、刑の執行猶予といいます。これに対し、執行が猶予されず、刑事施設に実際に収容される場合を実刑と呼びます。

実際に刑事施設で服役させなくとも、社会の中で更生させることが可能であり相当であると思われる場合には、刑の執行猶予が考慮されます。ただし、刑の執行猶予は、前に懲役・禁錮に処せられたことがない者、あるいは、前に懲役・禁錮に処せられても、その執行を終わった日（またはその執行の免除を得た日）から五年以内に懲役・禁錮に処せられたことがない者に限られます。なお、例外的に、前に懲役・禁錮に処せられても、その執行が猶予された者に対しては、一年以下の懲役・禁錮を言い渡すとき、情状にとくに汲むべきものがある場合には、刑の執行猶予が再度許されています（さらに、この例外の例外ですが、前の執行猶予の期間中とくに保護観察に付されており、その期間内に罪を犯した場合には、執行猶予は認められないことになっています。保護観察とは、その対象者に社会生活を送らせながら、その改善更生を図るため、保護観察官と法務大臣から委嘱された民間篤志家である保護司によって指導監督、補導援護がなされることをいいます）。

執行猶予期間内に再び罪を犯すなどのことがあれば、執行猶予の言渡しは取り消され、言い渡された刑が執行されることになります（つまり、刑事施設に収容されることになるのです）。

これに対し、刑の執行猶予の言渡しが取り消されることなく猶予の期間が過ぎたときには、刑の言渡しはその効力を失い、その刑が執行されることはもはやありません。

刑事施設から仮に釈放する

懲役・禁錮・拘留の刑期中、刑を言い渡された者は受刑者として刑事施設に拘禁されることになりますが、懲役・禁錮受刑者については「改悛《かいしゅん》の状があるとき」、また拘留受刑者については「情状により」、地方更生保護委員会という行政官庁の処分によって、刑事施設から、刑期が満了する前に、仮に釈放(懲役・禁錮の場合)・出場(拘留の場合)を許すことができるとされています。社会の中で改善更生が期待できる受刑者を、刑期が満了する前に釈放した上で、残りの刑期の期間を保護観察に付して指導監督、補導援護を行うことで、円滑に社会へ復帰させようというのが、この制度の趣旨です。

仮釈放にするかどうかについては、裁判所ではなく、行政機関である地方更生保護委員会が、悔悟しているか、更生の意欲があるか、再犯のおそれがないか、社会が仮釈放を受け入れるかなどの事情を総合して判断します。なお、拘留については、いつでも仮出場を許すことができますが、懲役・禁錮については、有期刑の場合には刑期の三分の一が経過した後、無期刑については一〇年が経過した後にならないと仮釈放はできません。

では、有期懲役・禁錮受刑者は、実際にどのくらい刑の執行を受けた後に仮釈放が認められているのでしょうか(これを、刑の執行率といいます)。この数字は、以前すでに服役したことのある累犯者《るいはん》と非累犯者とではかなり違っています。累犯者では、九四%以上の者が執行率八〇%以上で(約四七%の者が執行率九〇%以上で)仮釈放となっています(つまり、執行率八〇%未満で仮釈放になるのは一割いないのです)。その一方で、非累犯者では、執行率八〇%未満で仮釈放となる者が四七%いるのです。また、無期懲役受刑者については、近年、在所期間が長くなっており、二〇年以上刑務所に在所した後にはじめて仮釈放となっています(これらのデータは、『平成一九年版　犯罪白書』による)。

財産刑――罰金・科料・没収

罰金・科料は、一定額の金銭を国が徴収する刑罰(財産刑)です。罰金は一万円以上で(上限額は、罰則に定められています。なお、罰金を減軽するときは、一万円未満とすることができます)、科料は千円以上一万円未満の軽微な刑です(「かりょう」という同じ音ですが、行政罰であって前科にならない「過料」とは違います。混同・誤解を避けるために、科料を「とがりょう」、過料を「あやまちりょう」と呼ぶことがあります)。五〇万円以下の罰金を言い渡すときには、懲役・禁錮の場合と同じく、その執行猶予が可能です(ただし、一年以下の懲役・禁錮を言い渡す場合とは異なって、前に禁錮以上の刑に処せられたが、執行が猶予された者について、罰金刑の再度の執行猶予は認められていません)。

罰金・科料は金銭の徴収を内容とする刑罰ですから、資力のない者に対しては「無い袖は振れない」ので無力なものとなりかねません。そこで、罰金・科料を完全に納付することができない場合、それに換わる処分として、罰金については一日以上二年以下の期間、科料については一日以上三〇日以下の期間、労役場に留置することになっています(これを「労役場留置」といいます)。罰金・科料を言い渡す判決には、罰金・科料を完納できない場合にそなえて、留置期間を定めることになっています。労役場留置者は、刑事施設に附置された労役場で、懲役受刑者に準じて処遇されます。

なお、死刑、懲役、禁錮、拘留または科料を言い渡すときに、それに付け加えて言い渡すことができる特別な刑罰として、没収があります(このように他の刑罰に付け加えてはじめて言い渡すことができる刑を「付加刑」といい、単独で言い渡すことができる通常の刑を「主刑」といいます)。これは、殺人・傷害の犯行に使用された刃物や犯罪行為によって作り出された偽造文書、犯罪行為の報酬として受け取った物、さらには賄賂《わいろ》として公務員が受け取った金銭などの財産を国庫に帰属させることを内容とする刑のことで、財産刑の一種です。没収は一定の物についてだけできることになっています。そこで、没収されるはずの物を売却するなどして没収を免れ、犯人が不正な利益を保持する結果とならないようにするため、犯罪行為によって得た物や、犯罪行為の報酬、さらにはこれらの対価として得た物などについては、他人に売却したりして没収ができなくなった場合、その価値を金銭で評価し、評価額を金銭で徴収します。このような没収に換わる処分を、追徴といいます。没収・追徴を言い渡すかどうかは一般に裁判所の裁量によりますが、賄賂などについては、没収・追徴を必要的な処分とする特別規定が置かれていて、裁判所は主刑の言渡しとともに没収・追徴を言い渡さなければなりません。

刑罰の意義

日本の刑罰は一体どのようなものであるのかについてみてきましたが、こうした刑罰にどんな意味が認められるのかについて、ここで確認しておくことにしましょう。

刑罰には、生命刑(死刑)、自由刑(懲役・禁錮・拘留)、財産刑(罰金・科料・没収)がありましたが、これらはいずれも刑が科される受刑者を害することを内容とするものです。すなわち、刑罰は、受刑者の生命、自由または財産を侵害する内容のものとなっているわけです。このことは、当たり前のことのように感じられるかもしれませんが、刑罰の基本的な意義を理解するためには重要なことです。それは、刑罰というのは、それを科される者がそれを避けようとするようなものでなければならないからです。後に詳しくみるように、犯罪が行われた場合に科される刑罰は、それが科されることを嫌って、「罪を犯さないようにしよう」という動機付けとなるものであることが是非とも必要です。罪を犯したら褒美がもらえるというのであれば、みんな進んで罪を犯すことになりかねません。犯罪は好ましくないものであって、それを防ぐために刑罰が存在するのですから、刑罰は苦痛であり、加害性、利益侵害性がその必須の性質となっているのです。

また、刑罰は、単に苦痛を内容とすればよいというものではありません。人に意味もなく苦痛を加えるのは、文字通り意味のないこと、さらにいえば、単に意味がないだけではなく全く不当なことでしょう。刑罰には、「罪を犯すべきではなかった」という内容の、罪を犯したことに対する非難が込められています。このような非難という特別な意味が込められたものだというところに、刑罰の特徴があるといえるのです。

同じく苦痛となるものであっても、刑罰は病気に対する治療とは根本的に違います。たとえ所在・移動の自由が拘束される点では同じであっても、罪を犯して懲役受刑者として刑務所に収容されることと、感染症にかかって病院に入院することとは、その意味が同じだというわけではありません。感染症法は、一定の感染症について、そのまん延を防ぐため、それにかかっているというだけで、その患者を入院させることを認めています。その際に、かかった理由やそのことについて患者に責任があったかどうかを問うことは必要ありません。この法による入院措置には、入院患者に対し、「感染症にかかったことを非難する」という意味は全くありません。これに対して、刑罰の付科、処罰には「罪を犯したことを非難する」という重要な意味があるのです。

また同じように、裁判で一〇〇万円を支払うことが強制されるのであっても、民事の損害賠償として支払う場合と、罰金として支払う場合とではその意味は全く違います。損害賠償は単に損害を補うことであるのに対し、刑罰には法的な非難の意味が込められていて、そこに特別の意味があるのです。そうでなければ、過って人に瀕死の重傷を負わせた場合に、過失傷害罪として三〇万円以下の罰金や科料が科されるということには、ほとんど何の意味もないということになりかねないでしょう。

こうして繰り返し述べたように、刑罰は法的な非難という特別の意味が込められた苦痛を内容とするものです。刑罰という制度は、国が国民に対して意図して苦痛を与えるものですから、なぜ、そのようなことが正当化されるのか、刑罰の正当化根拠は一体何かということが問題とならざるをえません。実際、国が科する刑罰はどのような理由から正当化されるかについては、極めて長い議論の歴史があります。この問題については、後で考えることにしますが、簡単にいえば、刑罰は犯罪に対する応報であり、正義の理念に奉仕するもので、それによって正当化されるという考え方と、刑罰は犯罪を防止・抑止する手段として正当化されるという考え方に大きく分かれるといえるでしょう。

刑法とは

次に、刑法とは何かについて考えてみることにしたいと思います。

刑法とは、一口でいえば、犯罪と刑罰を定める法のことを意味します。すなわち、どのような行為が犯罪となり、それに対してどんな刑が科されるかを定める法です。こうして、刑法は、ある行為を犯罪として、それに対する刑罰を予告し、それにもかかわらず犯罪行為を行った者に対して刑罰を実際に科すことによって、その行為を禁止・抑止しようとするものなのです。この意味で、刑法は、社会における人の行動を規律・統制するための手段であるといえるでしょう。

なお、第二章で詳しく検討しますが、日本では、どのような行為が犯罪となり、それに対してどんな刑が科されるかは、国会が制定する法律で決められなければならないという原則(これを、罪刑法定主義といいます)が憲法上に存在しています(憲法三一条・三九条・七三条六号但書)。つまり、犯罪とそれに対する刑罰の内容を決める罰則は、ほかならぬ「法律」として定められることが必要で、行政府や裁判所が、何らかの行為を新たに犯罪として決め、それを処罰の対象とすることは許されていないのです。こうして、法律として制定される罰則は、何が犯罪で、どのような刑が科されるかを私たち国民に示すだけではなく、そこに定められた行為だけを犯罪とし、決められた刑だけを科すことを可能にして、国家機関を縛るという重要な意義があるのだといえるでしょう。この意味で、罰則は国民の行動を規制・統制する法であるとともに、国家機関の行動を規制する法でもあるのです。

罰則の中で最も重要なものが、刑法という名前の法律です。これは、一九〇七(明治四〇)年に制定・公布され(一九〇七年四月二四日法律四五号)、翌〇八年一〇月一日に施行されました。つまり、二〇〇七年に制定一〇〇年、二〇〇八年に施行一〇〇年を迎える、かなり古い法律です。現行刑法以前の刑法、すなわち旧刑法は、日本の近代的刑法典としてはじめてのもので、一八八〇(明治一三)年に制定され、一八八二年に施行されました。旧刑法は、フランスから招聘した学者ボアソナード(一八二五―一九一〇)の起草によるもので、フランス法の影響を受けたものでした。

これに対して、現行刑法は、当時の刑事政策の最先端を踏まえながら、ドイツ帝国刑法典(一八七一年制定)を模範として、ドイツ法の影響を色濃く受けて作られたものでした。こうしたことから、それ以降、日本の刑法学はドイツ刑法学の影響を強く受けてきたのです。

現行刑法の特色としては、次のようなことを挙げることができるでしょう。たとえば殺人についてみると、外国では第一級殺人罪、第二級殺人罪、謀殺《ぼうさつ》罪、故殺《こさつ》罪などと罰則が細分化されていることがあるのに対し、日本では殺人罪という犯罪類型が一つ置かれているにすぎません(かつて、刑法二〇〇条に尊属殺人罪という殺人罪の特別の加重処罰規定が置かれていましたが、一九七三年四月四日の最高裁判所大法廷判決により憲法違反であるとされました。第二章で触れますが、死刑・無期懲役という規定された刑が尊属の尊重報恩の維持という立法目的に比べて重すぎるというのがその理由です。同条は、その後、一九九五年の刑法改正の際にようやく削除されました)。つまり、現行刑法では、犯罪類型は細分化されることなく作られていて、この反面として、法文に規定されている刑(これを、法定刑といいます)の幅が広く、したがって、裁判所の裁量の余地が大きくなっているのです。殺人罪の法定刑は死刑、無期または五年以上の懲役ですが、刑法六六条で「犯罪の情状に酌量《しゃくりょう》すべきものがあるとき」にはその刑を軽くすることができますので(これを、酌量減軽といいます)、裁判所が科しうる刑の範囲は、上限は死刑、下限は執行猶予付き懲役二年六月と極めて幅広くなっているのです。

刑法はその時々の社会の要請に応じて改正されてきました。最大の改正が、新憲法制定を受けた一九四七年の改正です。これによって、戦前の法律である現行刑法は新憲法下でも存続できるようになったのですが、その基本的な枠組みには変更が加えられないまま、現在に至っています。刑法の全面改正の試み、そのための作業は第二次世界大戦前から行われ、さらに戦後も続けられて、「改正刑法草案」(一九七四年五月二九日法制審議会総会決定)という形に結実しました。しかし、処罰を拡張するなどの「草案」の基本姿勢に対しては反対が強く、結局、法律として制定されないままとなり、現在では、いわば歴史的な文書となっています。

準刑法

刑法という名前の法律に定められた犯罪は、殺人罪や傷害罪、窃盗罪、強盗罪、さらには、放火罪、収賄《しゅうわい》罪など、犯罪というと頭に浮かぶ、いわば基本的なものばかりです。こうした基本的な犯罪の成立範囲を広げたり、特別な事情がある事例を念頭に置いてその刑を重くしたり軽くしたりする罰則が刑法以外に存在しています。このような、刑法で規定されている犯罪のいわば特殊類型を定める法律を、準刑法と呼ぶことができるでしょう。

集団的な暴行・脅迫・器物損壊、銃砲・刀剣類を使用した傷害、常習的な傷害・暴行・脅迫・器物損壊などを加重して処罰する「暴力行為等処罰ニ関スル法律」や、常習累犯窃盗などを加重処罰する「盗犯等ノ防止及処分ニ関スル法律」は、準刑法のうち最も重要なものです。殺意まではなく、刀剣類を用いて人の身体に傷害を生じさせた場合には、刑法の傷害罪ではなく、「暴力行為等処罰ニ関スル法律」の加重傷害罪が適用され、常習として窃盗を犯した一定の者には、刑法の窃盗罪ではなく、「盗犯等ノ防止及処分ニ関スル法律」の常習累犯窃盗罪が成立します。このほか、爆発物や火炎びんに関わる行為を処罰する「爆発物取締罰則」や「火炎びんの使用等の処罰に関する法律」がありますし、「人質による強要行為等の処罰に関する法律」、「航空機の強取等の処罰に関する法律」(ハイジャック処罰法)などもあります。また、近年重要性を増している組織犯罪対策としては、「組織的な犯罪の処罰及び犯罪収益の規制等に関する法律」が重要です。

さらに、社会生活のさまざまな場面を規律する行政規制を支えるために、その違反を処罰する罰則があります。私たちのごく身近なものとしては、道路交通法の罰則がありますし、また、私的独占の禁止及び公正取引の確保に関する法律(独禁法)、金融商品取引法をはじめとした、経済活動を規制する法に置かれた罰則も極めて重要なものだといえるでしょう。

2 刑事手続のあらまし

どのような手続で犯罪とされ刑罰が科されるのか

刑罰は犯罪に対して科されるわけですが、一体どのような手続を経て、犯罪が行われたと判断され、犯人に対して刑罰が科されるのでしょうか。ここで、このような刑事手続の流れについて、一般の成人の刑事事件を想定して、そのあらましをみておくことにしたいと思います。刑事手続について定めるのは、刑事訴訟法です。

その前に、少年事件についても簡単に触れておきましょう。二〇歳未満の少年が罪を犯したときには、少年法という法律の定めによって、その事件は一般の刑事裁判所(地方裁判所・簡易裁判所)ではなく、家庭裁判所に送られます。罪を犯した少年に対しては、その特性を考えて、刑罰ではなく、保護観察や少年院への送致などという、特別の処分(これを、保護処分といいます)が認められているのです。家庭裁判所では、事件についての調査が行われ、少年に対してどのような処分をするかなどを判断するために審判の手続が行われますが、保護処分ではなく、刑事処分にすることが相当だと家庭裁判所が判断したときには、事件は検察官に送られ(これを、逆送といいます)、一般の刑事手続によって処理されることになります。

捜査機関による捜査

警察などの捜査機関は、市民から犯罪があったとの通報がされ、犯罪被害者から被害届が出されるなどして、犯罪が行われたと考えるとき、捜査を行います。これは、犯人と思われる者(罪を犯したと疑われている者を、被疑者といいます)を明らかにするとともに、犯罪の証拠を集める手続のことです。捜査は、被疑者に任意に出頭を求めて取り調べるなど、任意の協力を得て行われるのが原則ですが(これが、任意捜査の原則です)、刑事訴訟法で決められた条件がみたされたとき、法律で認められた強制処分を行うことができます(これを、強制捜査といいます)。なお、強制処分は、捜査機関が独自の判断で行うことはできず、憲法三三条・三五条によれば、裁判官の発する令状に基づいて行われなければなりません。このような強制処分に関する基本原則を令状主義と呼んでいます。

人に対する強制処分として重要なのが、被疑者の身柄を拘束する逮捕・勾留です。物に対する強制処分としては、捜索(物や人を発見することを目的として、人の身体や物、住居などの場所を調べること)、差押え(物を強制的に取得すること)などがあり、これらにより証拠を収集して保全するわけです。このようにして捜査が行われると、その後、事件は検察官に送られます(検察官送致)。

なお、人に対する強制処分には、人権保障の観点から、厳しい時間的な制約があることが重要です。まず、逮捕状で被疑者を逮捕した警察官は四八時間以内に検察官に事件を送致しなければなりません(そうでなければ、被疑者は釈放されます)。さらに、被疑者を受け取った検察官は、留置の必要がないと判断すれば被疑者をただちに釈放しますが、留置の必要があると判断するときには、二四時間以内に裁判官に被疑者の勾留を請求する必要があるのです。こうして、逮捕による身柄拘束は七二時間以内に限られます。また、起訴前の勾留にも時間的な制限があります。つまり、検察官は、通常の事件では、勾留を請求した日から最大限二〇日以内に、事件について公訴を提起しないときには、被疑者を釈放しなければならないことになっているのです。

検察官による訴追

事件の送致を受けた検察官は、その事件について、被疑者を訴追《そつい》(これを、公訴の提起、略して起訴といいます)するかどうかを判断し、それについて決定します。被疑者が罪を犯したと認められなければ起訴はされません(これを、不起訴といいます)。また、たとえ罪を犯したと認められても、犯人の性格や年齢・境遇、犯罪の重さや情状、犯罪後の状況から訴追を必要としないと判断されるときには、検察官は起訴しないことができます(これを、起訴猶予といいます)。つまり、被疑者が罪を犯したと判断される場合であっても、その被疑者を訴追することが検察官に義務付けられているわけではなく、訴追するかどうかについては、検察官に裁量が認められているのです。このように検察官に訴追についての裁量を認めることを、(変な表現ですが)起訴便宜主義と呼んでいます。

二〇〇六年に検察庁が処理した内訳でみますと、処理した人員二〇七万六七七七人のうち、九九万一四〇一人(四七・七%)が起訴猶予、九万二六三七人(四・五%)が不起訴となっており、起訴猶予の比率がかなり高くなっていることがわかります(『平成一九年版 犯罪白書』による)。ここから、検察官による訴追についての裁量判断が、日本の刑事事件の処理において極めて重要な役割を果たしていることがわかるでしょう。

検察官による公訴の提起には、公の法廷での審理・判決を求める公判請求と、簡易裁判所での書面審理によって一〇〇万円以下の罰金または科料を科することを求める略式命令請求とがあります（後者の、略式命令を行う簡易裁判所での手続を、略式手続といいます）。このうち、略式命令請求は交通事件などで極めて広く用いられており、二〇〇六年に検察庁が起訴した七九万八一三〇人のうち、実に約八三％に当たる六六万一〇一人が略式命令請求となっています（『平成一九年版 犯罪白書』による）。こうして、数字でみた場合、日本の刑事事件の大半は、比較的軽微な罰金や科料で終わる略式手続で処理されているのです。すでに触れたように、起訴猶予の比率もかなり高かったわけですから、起訴されて、公の法廷で審理される事件の数は全体でみるとかなり限られていることがわかります（『平成一九年版 犯罪白書』によれば、二〇〇六年に検察庁が処理した人員二〇七万六七七七人のうち、公判請求されたのは一三万八〇二九人、六・六％にすぎません）。

なお、略式命令請求を行う場合には、検察官は、被疑者に対して略式手続についての説明を行い、通常の審判を受けることができると告げた上で、略式手続によることに異議がないかを確認することが求められます。被疑者に異議がない場合でなければ、略式手続によることはできません。なお、略式命令を受けた者、または検察官には、正式裁判を求める途が開かれています。

裁判所における審理・判決

公判請求という形で検察官により公訴の提起がされますと、裁判所の公の法廷で事件の審理が行われます。これを公判手続といいます(なお、明白な軽微事件について、被疑者の同意を得て行う即決裁判手続というものがあり、簡単な証拠調べを行って、できる限り即日判決を言い渡します。この場合には、実刑の言渡しができません)。

まず、冒頭手続として、検察官による起訴状の朗読、裁判官による黙秘権などの告知、被告人(起訴前に被疑者と呼ばれていた者は、起訴されることによって被告人と名前が変わります)と弁護人の事件に関する陳述が行われます。その後、証人尋問など証拠を取り調べる証拠調べ手続に移り、犯罪事実に関する検察官の立証、被告人・弁護人による反証などが行われるわけです。それに続く弁論手続では、検察官による論告・求刑、弁護人による弁論、そして被告人による最終陳述があり、弁論は終わります。

その後、裁判所によって判決が言い渡されることになるわけです。裁判所は、取り調べた証拠に基づいて被告人が有罪か無罪かを判断し、さらに、被告人を有罪と判断した場合には、どのような刑を科すかを決めるのです。

なお、二〇〇九年からは、国民が裁判員として殺人罪や傷害致死罪など一定の刑事事件の審理・判決に参加する裁判員制度が導入されます。これは、原則、三名の職業裁判官と国民から選ばれる六名の裁判員が合議することで、公判請求された事件に対する審理・判決を行うものです。司法へ国民が参加することによって、もっぱら職業裁判官によって行われていたこれまでの刑事裁判のやり方を大きく変えるインパクトをそなえたものとなっているのです。

裁判所の判決に不服のある当事者(被告人または検察官)は、上級の裁判所に不服申し立てである上訴(控訴、さらに上告)を行うことができます。もはや上訴で争えなくなったとき、判決は確定します。

検察官による判決の執行

被告人に対して刑を言い渡した判決が確定すると、それは検察官の指揮で執行されます。死刑、自由刑(懲役・禁錮・拘留)の言渡しを受けた者が拘禁されていない場合には、検察官が呼び出して刑事施設に収容します(呼び出しに応じなければ、検察官は収容状を発して収容することになります)。財産刑(罰金・科料・没収・追徴)の執行も検察官の命令によって行われます。これは、民事の強制執行の手続によってなされることになっているのです。なお、死刑の執行手続は、死刑という刑の性質を考え、法務大臣の命令によって行われることはすでに触れたとおりです。

3 法的な禁止の対象——犯罪

何を禁止するのか——刑法の役割

刑法は一定の行為を犯罪として禁止し、その違反者に対して刑罰を科することを定めています。このような刑法について最初に問題となるのは、どのような行為を禁止の対象とするのかということです。これは、刑法にどういった役割や機能を与えるかということによって決まる問題です。この点については、従来は、大づかみにみると、倫理違反として犯罪を捉える立場と、利益侵害として犯罪を捉える立場とが対立してきました。このような立場が主張する見解の内容と、その違いがどのような意味をもつのかについて、考えてみることにしましょう。

倫理違反としての犯罪

一九七〇年代まで、日本の刑法学の世界で有力な見解は、犯罪とは社会で守られるべき倫理・道徳(社会倫理)に反する行為だというものでした。もちろん倫理に反する行為をすべて犯罪として処罰の対象としようとするものではなくて、倫理違反のうち、刑罰によってまで禁圧する必要があるような基本的なもの、重大なものに限るとされています。つまり、刑罰を用いてもそれを守るよう国民に求めることが必要だ、と考えられる倫理規範に対する違反が、犯罪として処罰されることになるのです。

この立場では、処罰の理由は、「他人に迷惑をかけた」ということではなく、「悪い行為をした」ことに求められます。これは、一定の倫理規範を、強制力を用いて守らせ、それによって、国民を倫理的に教化・教育することが刑法の目的・役割だと理解する立場であるといえるでしょう。

利益侵害としての犯罪

倫理違反として犯罪を理解する立場に対して、現在主流となっているのは、犯罪とは、私たちの生命や身体、そして自由、さらには財産など、私たちのかけがえのない「利益」を害する行為だという理解です。現在この見解が主流となっているのがなぜかといえば、それは、一定の倫理を国民に刑罰によって強制することは国家としてなすべきことではない、という理解が広く受け入れられているからです。個人の尊重という理念(憲法一三条は、「すべて国民は、個人として尊重される」と定めています)に基づく社会は、多様な価値観に寛容でなければなりません。そして、違う価値観が共存することを認める以上、一定の価値観に基づく倫理を国民に強制することは国家の任務ではないと考えられているのです。

このような理解によれば、国家が国民の行動を禁止することが正当化されるのは、それが「他人に迷惑をかけた」から、すなわち、他人の正当な利益を害したからです。国民は、他人の利益を害さない限り、どんな行為を行おうと(処罰されないという意味では)自由であるという考え方であるともいえるでしょう。

二つの考え方はどこが違うのか

犯罪を倫理違反と理解するか、それとも利益侵害と理解するかによって、実際にどのような違いがあるのでしょうか。結論からいえば、多くの場合、両者の違いは実際上ないといってよいのですが、それにもかかわらず、「被害」がない場合についてどう考えるかという点で、両者の間には無視できない重要な違いがあることをみのがすことはできません。

まず、殺人や窃盗など、私たちが犯罪というとただちに思い浮かべる行為は、倫理に反するものであると同時に、他人の正当な利益を害する行為でもあります。「他人にいわれのない迷惑をかけない」ということが倫理規範の内容だとすれば、利益侵害行為は、それを正当とする特別の理由がない限り、倫理に反する行為でもあることになるといえるでしょう。こうしたことから、現在法律上規定されている犯罪についての理解としては、ほとんどの場合、倫理違反という観点からも、利益侵害という観点からも説明することができます。

両者の考えの違いが現れるのは、「迷惑がかかる他人」がおらず、せいぜい自分自身に害が及ぶにすぎない行為についてです。このようなものは、「被害者なき犯罪」と呼ばれています。犯罪を倫理違反と理解する立場と利益侵害と理解する立場とがどのように違うのか、「被害者なき犯罪」といえる、わいせつ物販売罪(刑法一七五条)を例にしてみることにしましょう。

倫理違反の観点から犯罪を理解する立場によれば、次のように考えることになるでしょう。わいせつな写真を購入して見ることは、自分の品性を損なうといった意味で倫理的に良くない行為であり、そして、わいせつな写真を販売することは、人に倫理的に良くない行為をさせ堕落させるものなので、倫理に反する行為となります。わいせつな写真を見て堕落する人本人は、あえて処罰するまでのことはないとしても、国民を堕落させる行為、国民が堕落することに手を貸す行為は、国民の倫理水準を維持するためには、放置できないと理解されるのです。そこから、わいせつな写真の販売は処罰の対象とされることになります。

これに対して、利益侵害として犯罪を理解する立場からは、次のように考えることになります。わいせつな写真を見ることは、倫理的な善悪の問題ではなく、単なる趣味の問題です。また、それを見たい者が見たからといって、その限りでは、実害がもたらされるわけではありません。利益侵害の観点から問題となるのは、わいせつな写真を見たくない者には見せないこと、そして、性的に未成熟な年少者を保護することであるにすぎないのです。したがって、わいせつ写真の販売はすべて犯罪として処罰できるというわけではなく、それを見たくない者に売りつけるような行為や年少者に販売する行為に限って犯罪とすることが適当なのです。現行刑法のわいせつ物販売罪が、こうした行為以外の行為までを処罰しているのだとすれば、法改正によって処罰範囲を限定することが考えられることになります。この点で、利益侵害として犯罪を理解する立場と、倫理違反として犯罪を理解する立場の実際上の違いがはっきりするでしょう。

処罰は法益保護の最終手段

犯罪を利益侵害として理解する現在主流の立場からは、法的に禁止されるのは利益侵害であり、刑法は利益の保護を目的とするものであることになります。しかし、利益であれば何でも保護されるというわけではありません。それは「法的な保護に値する正当な利益」に限られます。このように、法で保護される利益は、刑法学では、保護法益、あるいは単に法益と呼ばれています。刑法は、私たちの保護に値する正当な利益、法益を侵害する行為を処罰することによって、法益を保護することにしているのです。つまり、刑法の目的は法益の保護にあることになるのです。

ところが、刑法を離れて考えると、法益を保護するために考えられる手段・措置にはさまざまなものがあります。法益(正当な利益)を侵害された被害者に、侵害者(加害者)に対する民事の損害賠償の請求を認めるということももちろん可能でしょう。取引上の契約違反などについては、こうした法的手法・救済手段が用いられています。もっとも、これは基本的には被害者に生じた被害や損害を補塡するものにすぎません。法益保護の手法としては、より積極的に国民の利益を保護するという観点から、行政的な規制手段を用いることもよく行われるところです。交通法規に違反した自動車運転者の免許を取り消したり、停止したりすることなどがその典型的な例です。処罰することも、これらと並ぶ法益保護のための一手段として位置付けることができるでしょう。

死刑をも含む刑罰の特色は、それが非常に厳しい効果を伴うものだということです（刑罰の峻厳性《しゅんげん》）。罰金刑にしても、裁判所から民事の損害賠償を命じられた場合とは違って、それは、単に国に対する金銭の支払いが命じられるというにとどまらず、前科となります。公務員であれば、実刑判決ではなく、執行猶予付きの懲役刑が言い渡されても、「刑に処せられた」ことになって、失職します（国家公務員法三八条・七六条、地方公務員法一六条・二八条参照）。もしも、より侵害性の少ない、緩やかな手段・措置によって同じ目的を達成することができるのであれば、そちらによるべきでしょう。ですから、極めて峻厳な効果をもたらす刑罰は、法益保護のための最後の手段として（刑罰の最終手段性）、どうしても必要な場合に限って用いられるべきことになるのです。その結果として、利益侵害のすべてが処罰されるのではなく、刑罰を科することがどうしても必要な利益侵害だけが処罰の対象とされることになります。罰則はすべての利益侵害を対象とするのではなく、どうしても必要な部分に限り、部分的・断片的にそれを対象とするという意味で、これを刑法の断片性と呼んでいます。

このことを理解する上でよい例となるのが、刑法二三五条の二に定められている不動産侵奪罪です。――条の二という枝番号が付けられた条文であることから明らかですが、この罪は一九六〇年の刑法改正によって新設されたもので、不動産のいわば窃盗(これは、不動産の不法占拠を意味します)を処罰の対象とするものです。動産の窃盗とは異なり、不動産は文字通り「動かない」ですからなくなってしまうことはなく、それが不法に占拠されても、仮処分やそのほか民事法上認められた法的手段によって後で救済を図ることができます。そういうところから、不動産の窃盗(不法占拠)については、刑罰を用いて対処するまでの必要はないと理解され、したがって、窃盗罪の対象物(条文には「財物」と書かれています)は動産に限られるとするのが、一九五〇年代までの理解でした。つまり、不動産の窃盗は処罰の対象とされてこなかったわけです。

ところが、裁判所の仮処分という法律上用意されている手段による対処が実際上難しい週末や年末を狙って、即座に建物を造り上げてしまう方法(これを、土曜建築と呼んでいました)によって土地の不法占拠が行われ、これが問題化しました。こうしたケースとして、一九五二年に起きた梅田村事件が有名です。これは、大阪駅前の繁華街である梅田所在の土地一六〇坪(当時の時価にして、一億六千万円以上)の不法占拠に対して、その被害者が土地を取り戻すため、そこに建てられていた建物を破壊して撤去したという事件です。被告人は、第一審では有罪とされたのですが、控訴審で大阪高裁は、正当防衛などの主張を認めて、被告人を無罪としました。この事件は、不動産の窃盗（不法占拠）に対する法的な対応が不十分であって、その結果、権利者が実力行使に出ざるをえなかったという事情を明らかにしているといえるでしょう。しかし、このような実力行使を認めることは法治国家として一種の異常事態といえ、何らかの新たな対応が必要となることを示しているのです。不動産侵奪罪の新設は、刑罰以外の方法では法益の十分な保護ができなくなったために認められたものといえます。

後見的な保護

現在主流となっている立場、つまり犯罪を利益侵害として理解する立場からは、判断能力をそなえた人が、自由な意思で自分の利益を害する行為を行った場合、被害を受けた他人（被害者）がいませんから、犯罪として処罰すべきでないということになります。この点について、さらに詳しく考えてみます。

まず、自分自身の利益を害しても、その人がそれによって処罰されることはありません。このことは、法律の条文にそう書かれているわけではありませんが、それは、いわば「書かれざる、当然の法理」なのです。自殺や自傷行為、自損行為は処罰の対象とはなりません。

また、他人から無理矢理強制されたりすることなく、自分の利益を自分の意思で害する者を手助けしても、他人が自分の利益を処分するのを助けただけですから処罰されることはありません。たとえば、不要となった自分の書類を焼却している者を手助けした者が、処罰されるようなことはありえないのです。

しかし、これには、いくつかの「例外」があります。つまり、自由な利益処分を助けたにすぎない場合であっても、例外的に処罰される場合があります。まず、第一に、未成年である場合など、利益を処分する人に十分な判断能力がそなわっていない場合です。さらに、第二に、処分の対象となる利益が、極めて重要で、一旦処分するともはや取り返しがつかないものであるため、本人に利益を処分する意思があるとしても、その意思に反してなおその利益を保護する必要がある場合です。

これらのうち、第一の例外である、本人に利益処分に必要な判断能力がそなわっていない場合については、そのような本人の未成熟さに乗じて利益処分をさせた者を処罰の対象とすることが考えられることになります。すでに触れたように、わいせつ物の販売行為を利益侵害性がないことを理由として犯罪でなくする（これを、非犯罪化といいます）場合でも、未成年者に販売する行為はなお処罰の対象にすることが考えられるわけですが、これも似た考えに基づくものです。このようなことが認められる理由は、未成熟で十分な判断能力を欠く者に対して後見的な保護を与えるというところにあるのです。

第二の例外として挙げられるのは、自殺を手助けする行為の処罰です。刑法二〇二条によれば、人をそそのかして自殺させ、あるいは、人が自殺することを手助けする行為は自殺関与罪として処罰の対象となります。また、それらの行為と並んで、本人に依頼され、または本人の承諾を得て行った殺人も、嘱託殺人罪・同意殺人罪として処罰されます。この規定は、自殺者に判断能力があり、自由な意思で自殺することを決め、あるいは自分を殺すよう依頼した場合であってもなお適用されると一般に考えられています。その理由は、次のようなところにあるでしょう。つまり、何らかの理由から死ぬ意思を抱き、そのため必要な行為をすることはありえますが、一旦死んでしまえば、たとえ後で後悔したとしても、再び生き返ることはできませんから、もはや取り返しはつきません。かけがえのない生命を保護するという観点から、本人の当座の死ぬ意思を無視して、本人に自殺を促すことや本人を殺害すること自体を禁止・処罰することにしているのです。

このように自殺を手助けする行為は処罰されますが、手助けするよう頼んだ自殺者本人は処罰されることはありません。もちろん、自殺のため本人が死亡すれば、本人を処罰することはできませんが、自殺に失敗して生き残った場合には、自殺を手助けするという犯罪行為を他人にそそのかした罪（これを教唆《きょうさ》といいます）に当たるかが問題となりうるでしょう。しかし、これは否定されると一般に解されているのです。これは、前に触れたように、自分自身の利益を害しても、その人がそれによって処罰されることはないという考え方によります。

実は、自分の利益を害する本人自身が、例外的に処罰の対象となるようにみえる場合があります。その一例として、覚せい剤や麻薬などの規制薬物を自分で使用することを挙げることができるでしょう。こうした行為に対する罰則を定めている麻薬及び向精神薬取締法や覚せい剤取締法などの薬物取締法は、「保健衛生上の危害」を防止することを目的として制定されたものです。覚せい剤などの薬物を自分で使うのは自分の利益を害する行為ですが、それを許すことによって、薬物が国内で受け容れられて広がり、その結果として、広く国民に対して「保健衛生上の危害」をもたらすことがおそれられます。そうしたことから、薬物を厳格に取り締まることが必要となり、その一環として、薬物の自己使用も処罰の対象とされていると理解することができるでしょう。

これからの課題

犯罪を倫理違反として理解するのであれば、一定の倫理が明確に存在することが処罰の前提となります。また、犯罪を利益侵害として理解するのであれば、保護の対象となる利益が明確に認められることが必要となります。しかし、今日、いわば周辺的・先端的な領域では、そこで守られるべき倫理の確立がいまだ不十分ですし、また、法によって守られるべき利益自体がはっきりせず、それについて十分な社会的コンセンサスが存在しないということがあります。たとえば、ヒト胚の操作など生命科学・生命工学の最先端領域では、こうした現象がみられます。このような領域で、どのような行為を禁止し、刑罰をその手段として用いるべきなのかということは、非常に困難な問題ですし、重要な検討課題となっているのです。

4　法的な禁止の手段——刑罰

禁止の手段としての刑罰

ある行為を法律上禁止し、その禁止を確実なものとするための手法にはさまざまなものがありうるわけですが、刑法では、禁止の違反に対して刑罰の付科を予告し、禁止に実際に違反した者に対して刑罰を科するという方法で、法的な禁止が守られるようにしています。刑罰は、すでに述べたように、それ自体、苦痛であり害悪です。そして、それには非難という特別な意味が込められています。つまり、犯罪として法的に禁止された行為が行われた場合には、非難という特別の意味をもつ害悪が科されることになっていて、それによって犯罪の禁止を確かなものとしているわけです。

国家が、生命侵害にまで至る重大な害悪を、しかもそれを意図的に科するというような刑罰制度は、どのような意味で正当化されるのでしょうか。現に、それについては昔から活発で深刻な議論がありました。これは、刑法について考えるすべての者にとって、永遠の問題・課題ですし、また古くて新しい問題でもあります。以下では、その問題について考えることにします。

刑罰は何により正当化されるか

刑罰を正当化する根拠を何に求めるかについては、最も基本的な立場の対立として、相対主義と絶対主義との対立があります。相対主義とは、何らかの望ましい目的の達成、それを追求することによって刑罰は正当化されるとする立場です。これに対し、絶対主義とは、刑罰は、他の目的によってではなく、それ自体において正当化されるとする立場です。

こうした相対主義と絶対主義の対立は、刑罰に限らず、何らかの制度を正当化するための議論として一般に考えられる対立ですが、これを刑罰の正当化根拠について具体化すれば、それは、目的刑論と応報刑論との対立となります。目的刑論は、犯罪予防といった現実的目的の追求、達成によって刑罰は正当化されると理解します。それに対して、応報刑論は、刑罰は犯罪に対する反作用であることによって、それ自体として正しいものであり正当化されると理解するのです。

応報としての刑

まず、刑罰は行われた犯罪に対する反作用であり、罪を犯したことに対する応報として正当化されるとする応報刑論を取り上げます。この見解は、刑罰を科することが社会に対してどのような効果をもたらすかとは無関係に、犯罪に対する反作用であること自体によって正義にかない、正当化されるとします。その徹底した立場(これを、絶対主義の立場に立つところから、絶対的応報刑論と呼びます。なお、これに対して、犯罪予防効果も考慮する立場を、相対的応報刑論と呼びます)では、何らかの功利的な目的追求のために、個人を処罰することが否定されます。犯罪予防のために処罰することは、個人を他人の目的のための手段として物のように扱うことになってしまうとして、それを否定したカントや、犯罪を法の否定とし、刑罰を否定の否定、犯罪を止揚するものと理解したヘーゲルなどの考え方は、この系列に属するものです。

このような考え方は、「目には目を、歯には歯を」といったタリオ（同害報復）の原理、あるいは、犯罪と刑罰は価値的に同等でなければならないとの考えと結び付くとき、刑罰を限定する原理となります。この意味では、応報刑論は個人の自由に対して国家の刑罰権を限定するという自由主義的な意義をもっているといえるのです。

このような応報刑論は、犯罪に対する応報という私たちの素朴な感情に合うものであるだけに、根強い支持を受けています。しかしながら、このような応報刑論に対しては、次のような疑問や問題が出されています。

応報刑論は、正義の実現を根拠として刑罰を正当化するものですが、果たして正義を実現することが国家の任務なのかということ自体、そもそも問題となりえます。もちろん正義に反することを国家が行うのは適当ではないでしょうが、国民の幸福や共同生活の安全といった現実的目的・利益から離れた観念的な理念の実現のために、国民の生命を奪い、その自由を制限することが正当化されるかについては疑問があるということができるでしょう。また、そのようなことで正義が実現されるという考え自体、異論を挟むことができますが、それを国民に押し付けることができるかという疑問もあります。さらに、刑罰が正義の実現に役立つもので、もっぱらそれが重要なら、犯罪が行われた以上必ず刑を科すべきだという必罰主義になるでしょう。なぜなら、その立場では、正義を実現しないことはそれ自体不正義でしょうから、正義を実現するために、刑罰は必ず常に科されねばならないことになるからです。このような必罰主義が適切であるかには大きな疑問があります。

犯罪予防のために処罰する――特別予防の視点

これに対して、目的刑論とは、国民の共同生活の安全を確保し、そのかけがえのない利益を保護することを目的として刑罰を科し、それによって追求される犯罪予防効果によって刑罰を正当化する考えです。すなわち、犯罪予防・抑止という望ましい目的の追求に根拠を求める相対主義の立場に立つ刑罰正当化論です。

目的刑論に属する考え方のうち、罪を犯した者が将来再び罪を犯すことのないようにすることと、それによって達成される犯罪予防効果(これを、特別予防といいます。これに対して、一般の国民が罪を犯さないようにするための働き掛けを、一般予防といいます)によって刑罰を正当化する立場が、特別予防論です。一旦は罪を犯した犯罪者を再度社会化することによって、社会の構成員として法に従った生活を送ることができるようにし、再び罪を犯すこと(再犯)を予防しようというのです。これは刑罰の執行である行刑の場面においては、重要な理念となるものですが、これについても、以下のような疑問や問題を指摘することができます。

まず、特別予防という観点だけで刑罰を正当化する立場では、「処罰する必要がある以上、処罰することが許される」こととなって、ある犯罪者について再社会化が必要な限り、刑の付科・執行をすべきことになりかねず、軽微な罪を犯した者に対しても、長期の刑を科することが可能となってしまうということです。これにより、再社会化が困難な犯罪者はいつまでも刑務所に拘禁されるということになってしまい、個人の自由保障という観点からは問題があるといえるでしょう。

また、逆に、再犯の可能性がなく、再社会化が必要ない犯罪者を処罰する根拠が失われることになります。たとえば、賄賂を受け取ったために免職となった公務員は再び収賄《しゅうわい》罪を犯すことはできませんし、二度と生じないような状況でやむなく罪を犯した犯罪者について、処罰することができないことになりかねません。しかしながら、それでは、これらの者によって破られた法的禁止の存在自体が今後揺らぐことになってしまうでしょう。それは問題です。

犯罪予防のために処罰する――一般予防の視点

目的刑論のもう一つのヴァリエーションが、社会一般の人々の犯罪を防ぐために刑罰を科するとする見解、一般予防の効果によって刑罰を正当化する立場、すなわち一般予防論です。これは、国民に対し、犯罪を行うと刑罰が科されることを予告し、それによって犯罪が行われることを防ごうとするものです。実際に罪を犯した者に刑が科され、現実に執行されることで、刑の予告が国民においてまじめに受け止められることになり、一般予防効果が生じることが期待されることになるわけです。一般予防には、刑の予告によって国民を威嚇して犯罪行為から遠ざけるという「消極的な」側面(これを、威嚇予防といいます)と、刑法規範を含む法を国民に示してそれを守らせるとともに、法秩序に対する信頼を強化するという「積極的な」側面(これを、積極的一般予防または統合予防といいます)があります。

一般予防論は、犯罪予防という現実の効果によって刑罰を正当化しようとするものですが、それには、次のような疑問や問題を提起することができます。まず、特別予防論と同じく、「処罰が必要だから、処罰が許される」ことになり、処罰の必要性による重罰化に対して歯止めがないことを指摘することができます。つまり、予防論自体には、個人の自由保障という観点から国家の刑罰権を限界付ける、内在的な限定基準がないのです。犯罪予防のためなら、どんなに抑圧的な処罰であっても認められてしまうことが懸念されるといえるでしょう。

刑罰目的を統合する

刑罰の付科によって個人の自由を制約することは、何によって正当化されるのでしょうか。正義の実現ということだけにそれを求めることに問題があるとすれば、それは、私たちのかけがえのない利益を保護するため、それを害する行為である犯罪を防止することに求めるほかはないでしょう。この意味で、刑罰は犯罪予防の目的、犯罪予防の効果によって正当化されることになるのです。もちろん、このような効果がどれほど存在するかを科学的にはっきりと立証することは困難です。しかし、罪を犯しても罰せられることのない社会を想像すれば明らかなように、刑罰には犯罪予防の効果があること自体は否定できないでしょうし、刑罰という国家制度を設計し、それを正当化するためにはそれで十分ではないかと思われるのです。

刑罰を正当化する犯罪予防としては、一般予防と特別予防の両方を考慮する必要があります。一般予防は、一般国民の規範意識を強化して犯罪を未然に防止するために必要ですし、また、すでに触れたように、再犯のおそれがないために特別予防を必要としないケースであっても処罰を正当化するには一般予防の観点がなくてはなりません。

問題となるのは、予防上必要となる刑の重さを具体的に決めるにあたって、一般予防目的から必要となる刑の重さと特別予防目的から必要となる刑の重さとが食い違う場合にどうするか、具体的には、特別予防の観点からはとくに軽い処罰が適当であると考えられる場合にどのようにしたらよいかということです。その場合には、両方の目的が最もよく調和して実現されるようにする必要があると思います。そのためには、次のような考え方がありうるでしょう。つまり、刑の予告がまじめに受け止められなくなるという意味で、一般予防効果が台無しにならない限り、特別予防の観点を優先させるということです。重すぎる処罰は特別予防の観点からは現実に有害で、罪を犯した者の再社会化を妨げさえしますが、それに対して、軽く処罰することで一般予防効果が弱まることはある程度までは甘受できるからです。

このようにして、刑罰の付科は犯罪予防のために正当化されるとしても、すでに触れたように、「処罰する必要があるから、処罰が正当化される」ことになって、一般予防・特別予防上必要である限りどんなに重い刑罰でも許されてしまい、個人の自由保障という観点から問題があるのではないでしょうか。何らかの限定が必要なのではないでしょうか。次にこの問題について考えてみることにしましょう。

どのように国家刑罰権を限定するか

すでに触れたように、刑罰は単なる苦痛ではなく、罪を犯したことに対する非難という特別の意味が込められたものです。したがって、このような刑罰を、罪を犯した者に対して実際に科することが許されるというためには、罪を犯したことについて犯罪者を非難できなければなりません。つまり、罪を犯したことについて非難できることが、処罰が許されるためには必要となるのです。このように考えることによって、もっぱら犯罪予防という他人(社会構成員)にとっての利益のために、犯罪者が犠牲になるのではないということが明らかになります。処罰されることは、感染症に罹った患者が、感染症まん延の防止という他人(社会)の利益のため、自分の責任とは無関係に入院させられることと違うのです。

また、刑罰を非難と理解することから、次のような結論を導くことができるでしょう。それは、非難されるのは、およそ犯罪というものに手を染めたためではなく、具体的な犯罪を行ったためですから、その具体的な犯罪の重さ、その害悪の程度が非難の限度となるということです。したがって、ごく軽い罪を犯した者については、たとえその犯人の犯罪傾向が進んでいて、再社会化するためには長期間にわたる拘禁・処遇を必要とするとしても、そのようなことは許されないことになります。こうして、「処罰の必要が処罰をどこまでも正当化する」ということにはならないのです。

以上のように、刑罰が非難であり、罪を犯したことについて犯人を非難できるときに実際に処罰することが許されると考える場合に、最も問題となるのは、罪を犯したことについて非難できる（これを、一般に、非難可能性と呼びます）とはどのようなことをいうのかということです。このような非難可能性は、一体どのような場合に認められるのでしょうか。

犯罪を行ったことを非難できるというためには、普通、犯罪を行った者がそれを行わないこともできたということが必要です。これを、犯罪をしないで、何もしない、あるいは他の行為をすることができたという意味で、刑法学や倫理学などでは、他行為可能性と呼んでいます。つまり、デパートで、欲しい商品を万引きしたのですが（これは、窃盗という犯罪です）、がまんして万引きしないことができたというとき、窃盗という罪を犯したことについて非難できると考えるわけです。このようなことは私たちの経験に照らしても、理解できるのではないかと思われますが、さらに考えてみますと、難しい問題があることがわかります。

私たちは、何度も罪を犯した者（再犯者）、常習的な犯罪癖がある者（常習的犯罪者）は、出来心から罪を初めて犯した者（初犯者）よりも重く処罰されて当然だと考えているでしょう。また、実際にも、再犯者・常習的犯罪者は初犯者よりも重く罰せられています。ところが、常習的な万引き癖がある者が、スーパーやコンビニでがまんできずに万引きしたという場合、その犯人としては、万引き癖のためそれをしないではいられなかったといえないでしょうか。そうだとすると、その者の他行為可能性は低く、万引きしたことを非難できる度合いも低く、また、処罰は犯罪者が非難できる限りで許されるのですから、軽く罰することしかできないことにならないでしょうか。

このように考えた学者は、常習的な犯罪癖という人格を作ったことについて非難できる、このような非難可能性を理由として重い刑を科することができると考えました。しかし、常習的な犯罪癖を作ったことについては、さまざまな事情がかかわっており、やむをえなかったかもしれず、それを非難できるということがどうしてわかるのかという問題があるでしょう。常習的な犯罪癖があり、将来罪を犯す危険があると考えられる者については、犯罪癖を作り出したことについて非難できるかどうかを問題とすることなく、非難によって正当化される刑罰とは異なった、犯人の危険性に対処するための別の刑事処分(これを、保安処分といいます)を科するという制度は考えられますが、このような制度は日本では認められていません。

学者の中には、非難ということの意味を考え直し、違った理解をするものがあります。普通、非難とは過去の犯罪行為に対するものですが、その見解は、将来罪を犯さないようにするための働き掛けとして非難を理解します。つまり、非難は将来に向けた犯罪者に対する働き掛けであり、将来罪を犯さないようにとの動機付けであるとして理解されることになるのです。このような理解によれば、常習的な犯罪癖がある者については、再犯予防のため強度な働き掛けが必要でしょうから、重い刑を科することが正当化されることになるのです。しかし、このような見解に対しては、結局、「処罰の必要が処罰を正当化する」ことになっているのではないか、非難による刑罰の限定が実質的に放棄されてしまっているのではないかという根本的な疑問が出されています。

このように、非難の意味については、なお議論百出という状況です。永遠の課題ということなのでしょう。

第二章　犯罪は法律で作られる

1　罪刑法定主義とは

罪と刑は法律で定める

どんな行為が犯罪となり、それに対してどのような刑が科されるのかということは、その行為が行われるより前に法律で決められていなければなりません。すなわち、犯罪と刑罰の内容は法律によって定められる必要があり、そして、その法律は犯罪とされる行為が行われるより前に制定・公布され、そして実際に施行されている必要があるのです。このことを、「罪」と「刑」を「法律」で「定める」という意味で、罪刑法定主義といいます。「国の唯一の立法機関である」国会が制定する法律（憲法四一条・五九条参照）は、その法律についての主任の国務大臣と内閣総理大臣の署名・連署を得て天皇により公布されますが（憲法七条一号）、公布された法律はその施行日以降効力をもつことになりますから、罰則としての法律は、その施行日以降に行われた行為にのみ適用があるというわけです。

このような罪刑法定主義は、現行刑法以前の旧刑法で、すでに定められていました。同法二条は「法律に正条《せいじょう》（明確な条文）なき者は何等の所為と雖《いえど》も之《これ》を罰することを得す」とし、三条一項は「法律は頒布以前に係る犯罪に及ほすことを得す」と規定していたのです（カタカナ表記をひらがな表記に改めた）。この規定は、日本初の近代的刑法である旧刑法としては、近代刑法の基本原理である罪刑法定主義を採ることを明らかにする点で重要な意味をもつものでしたが、現行刑法では、罪刑法定主義はとくに定められてはいません。それは、もちろん、罪刑法定主義を認めないという趣旨ではなくて、それはすでに当然のこととなっており、とくに定めるまでもないという理由からだったと思います。もっとも、改正刑法草案（一九七四年五月二九日法制審議会総会決定）は、その一条で「法律の規定によるのでなければ、いかなる行為も、これを処罰することはできない」という規定を改めて置くことを提案していました。

このように現行刑法には、罪刑法定主義を定める規定はありませんが、憲法にはその内容に関する重要な規定が置かれています。憲法三一条は「何人も、法律の定める手続によらなければ、その生命若しくは自由を奪はれ、又はその他の刑罰を科せられない」と定めていますが、そこにいう「法律の定める手続」には、その手続で適用される罰則も含まれると理解されているのです。つまり、罰則は法律で定められなければならないわけです。また、内閣に「この憲法及び法律の規定を実施するために、政令を制定する」権限を与えた憲法七三条六号は、その但書で「政令には、特にその法律の委任がある場合を除いては、罰則を設けることができない」としています。これは、罰則は国会が法律という形で定める必要があるという原則を確認したものといえます。さらに、憲法三九条は「何人も、実行の時に適法であつた行為……については、刑事上の責任を問はれない」としています。これは、罰則は、それが犯罪とする行為が行われる時点で、すでに施行されている必要があることを示すものです。

こうして、罪刑法定主義の原則は、刑法には規定されていませんが、むしろ憲法に定められているといえます。この意味で、罪刑法定主義は、法律レベルの原則ではなく、それより上位の憲法上の原理として認められているといえるのです。

罪刑法定主義の内容、それを支えるもの

罪刑法定主義の内容をまとめると、次の二つの原理・原則となります。第一は、罰則は法律で定めなければならないということで、これは、法律主義と呼ばれています。第二は、罰則は施行後の行為にだけ適用され、施行前の行為に遡《さかのぼ》って適用することはできないということです。これは、遡及《そきゅう》処罰の禁止という原則です。このような内容の罪刑法定主義には、それを支える理念があり、そこからこの二つの原則が現れているといえます。そのような理念から罪刑法定主義を理解することで、その具体的な内容をよりよく把握することができるはずです。

まず、法律主義とは、法律で罰則が定められなければならないとする原則ですが、これは、何が犯罪となるかは国民が決めるという民主主義の理念によって支えられています。つまり、「正当に選挙された国会における代表者を通じて行動」（憲法前文）する国民が、自ら、犯罪と刑罰の内容を決めるのであって、行政府や裁判所が決めるのではないということです。行政府は国会が制定した法律を執行する（憲法七三条一号参照）のですし、裁判所は法律に拘束されてそれを適用するのです。いずれも、独自に、新たな犯罪を作り出すことはできないというのが、法律主義を支えている民主主義の理念が求めるところなのです。後で示すように、行政府に限定的に認められた罰則の制定権や裁判所による法の解釈は、この理念に照らしてその限界が決められなければなりません。

次に、遡及処罰の禁止とは、行為の後で罰則を定め、それを遡って行為に適用して処罰することを禁止する原則ですが、これは、国民の予測可能性や行動の自由を確保するという自由主義の理念によって支えられています。しようとする行為が処罰されるものかどうかがその時点でわからないと、処罰を避けるためには、その行為をすることができなくなり、その結果として行動の自由が害されることになります。また、行為の時には禁止しておかないで、後になってその行為を犯罪と決め、遡って処罰することは、何といっても著しく不公正であるとの感を否めないでしょう。こうしたことから、遡及処罰は禁止されるのです。

2 法律で罰則を定める

法律以外では罰則を決められない？

法律主義は、国会が法律で罰則を定めることを求める原則です。それは民主主義の理念に支えられていることは述べました。では、罰則は国会以外では一切定められないのでしょうか。すでに少し触れましたが、実はそうではありません。では、どんな場合にそれは認められるのでしょうか。法律主義の原則は、行政府との関係、地方自治体(地方公共団体)との関係で、その内容が具体化されなければならないのです。さらに、処罰を最終的に決めるのは裁判所ですから、裁判所との関係も忘れられない問題です。以下では、まず、行政府や地方自治体に例外的に認められている罰則制定権の内容とその限界について考えることにします。

命令で罰則を決める

行政府は、次のように、法の一種である命令を定めることができます。まず、内閣は、憲法や法律の規定を実施するため、政令を定めることができます（憲法七三条六号）。また、各省の大臣は、主任の行政事務について、法律や政令を施行するため、または法律や政令の特別の委任に基づいて、機関の命令として省令を発することができるのです（国家行政組織法一二条一項）。さらに、各委員会、各庁の長官は、法律の定めによって、政令、省令以外の規則その他の特別の命令を自ら発することができるとされています（国家行政組織法一三条一項）。ところが、法律主義の原則によれば、これらの命令には罰則を置けないことになります。

旧憲法下では、「命令ノ条項違犯ニ関スル罰則ノ件」（一八九〇（明治二三）年法律八四号）という法律があって、「命令の条項に違犯する者は各其の命令に規定する所に従ひ二百円以内の罰金若《もしく》は一年以下の禁錮に処す」と定めていました（カタカナ表記をひらがな表記に改めた）。これは、定める刑が二百円以下の罰金、一年以下の禁錮であれば、命令に罰則を置くことができるというもので、罰則の制定を、一定の限度ですが、命令に一般的・包括的に認めたものといえます。これは法律主義に反することが明らかでしょう。

ところが、命令に罰則を置けないというこの原則には例外があり、限られた場合にのみ罰則を置くことができるのです。それは、次のような事情によります。すなわち、行政府は法律を実施するため命令を定めることができるのですが、それにより法律の規制はその内容が具体化されます。そして、そのように具体化された規制を確実なものとするためには、その違反に対して刑罰を科すことを認める必要があるのです。

もっとも、例外的に命令に罰則を置けるのは、「特にその法律の委任」がある場合に限られていることが重要です(憲法七三条六号但書、国家行政組織法一二条三項・一三条二項)。つまり、命令に罰則を置くことが許されるのは法律の委任がある場合で、しかも、その委任は、委任する事項を具体的に特定したもの(これを、特定委任といいます)でなければなりません。罰則の制定を一般的・包括的に委任することは許されないのです。なぜなら、行政府に罰則の制定を許す場合であっても、法律主義を支える民主主義の理念は守られなくてはなりませんし、そのためには、国会が罰則の内容についてコントロールしていることが必要だからです。一般的・包括的な委任には、そのようなコントロールが認められませんから、許されないことになるわけです。こうした理由から、すでに触れたように、「命令ノ条項違犯ニ関スル罰則ノ件」が定めていた罰則の包括的委任は現在では許されないのです。

法律による罰則の特定委任が許されるとして、そこで問題となるのは、許される特定委任と許されない一般的・包括的委任とをどのように区別するのかということです。これが争点となったのが、猿払《さるふつ》事件です。

猿払事件

　この事件は、公務員が一九六七年の衆議院議員選挙の際に、ある政党を支持する目的で、同党の公認候補者のポスターを公営掲示場に掲示したり、配布したりしたというものです。この行為が国家公務員法一〇二条一項の禁止する「人事院規則で定める政治的行為」に当たり処罰の対象となるとして、被告人は起訴されました。国家公務員法は、禁止・処罰の対象となる「政治的行為」の具体的な内容を人事院規則一四－七（政治的行為）に委任していますが、被告人の行為は、同規則六項一三号で定める「政治的目的を有する署名又は無署名の文書、図画《とが》……を……掲示し若しくは配布……すること」に当たるとして起訴されたのでした。

　この事件では、国家公務員法が禁止する「政治的行為」の具体的内容を人事院規則に委任していることが、憲法が許す委任の限度を超えていないかが争点の一つとなりました。この点について、最高裁判所大法廷は、政治的行為の定めを人事院規則に委任する国家公務員法一〇二条一項が、「公務員の政治的中立性を損うおそれのある行動類型に属する政治的行為を具体的に定めることを委任するものである」ことは、同条項の合理的な解釈によって理解できるとしました。そして、そのような政治的行為は、刑罰を根拠付ける違法性を帯びるものであるから、憲法が認める委任の限度を超えないとしたのです(最高裁判所一九七四年一一月六日大法廷判決)。こうして、最高裁判所は、国家公務員法一〇二条一項による人事院規則一四-七への罰則の委任は合憲であると判断しました。

条例で罰則を決める

さて、地方自治法によれば、普通地方公共団体(都道府県及び市町村)は、「法令に違反しない限り」、処理する事務に関して条例を制定することができます(地方自治法一四条一項)。そして、「法令に特別の定めがあるものを除くほか」、条例の中に、条例に違反した者に対し、二年以下の懲役もしくは禁錮、一〇〇万円以下の罰金、拘留、科料または没収の刑を科する規定を置くことができるとされています(同法一四条三項)。つまり、ここでは、科せる刑には限度がありますが、罰則を制定することが一般的・包括的に条例に認められているようにみえます。このようなことが果たして許されるのでしょうか。

まず、法には、憲法、法律、命令(政令・省令・規則)、条例の順にその効力にランク、優劣関係があり、上位の法に違反する下位の法は無効となります。そうでなければ、法の秩序に矛盾や混乱が生じてしまいます。このような理由から、地方自治法にも定められているように、条例は、より上位の法である憲法・法律・命令に違反することはできず、これらの法令に違反した条例は無効となるのです。もっとも、どのような条例の規定が法令に違反するかということ自体、検討が必要でしょう。なぜなら、条例が、法令よりも広く、厳しい規制を行うことはよくあることですが、法令が定める以上の規制を行っているということだけから、条例が法令に反して違法であり、無効だとされているわけではないからです。

たとえば、東京都には、他の県と同様に、公衆に著しく迷惑をかける暴力的不良行為等の防止に関する条例（いわゆる迷惑行為防止条例）があります。そこでは、乗車券等の不当な売買行為（ダフヤ行為）の禁止、座席等の不当な供与行為（ショバヤ行為）の禁止やいわゆる痴漢行為を含む粗暴行為（ぐれん隊行為等）の禁止などが規定されていて、法律によっては処罰の対象となっていない行為が処罰されています。たとえば、刑法で処罰されている強制わいせつとまではいえない痴漢行為を電車内で行った者が、迷惑行為防止条例違反で検挙されたという記事は、よく新聞で目にします。このような処罰、国の規制を超えた規制はどんな意味で許されるのでしょうか。

自動車の運転免許についての規制、婚姻適齢など、国レベルで一律に規制することが必要な事項については、条例で国の法令と異なった規制を行うことはできません。それに対して、地方の実情に応じた規制をすることを国の法令が禁止していないと考えられる場合には、条例で国と違う規制、国以上の規制を行うことは許されるでしょう。路上におけるデモ行進に関して、道路交通法と違った規制を認めているいわゆる公安条例や、青少年保護のために制定されている青少年保護育成条例などについては、国と違った地方独自の規制が認められると考えられるのです(公安条例については、最高裁判所一九七五年九月一〇日大法廷判決。青少年保護育成条例については、同一九八五年一〇月二三日大法廷判決)。

話を法律主義との関係に戻します。条例は法令よりも下位の法で、法令に違反することができないものですが、すでに触れたように、命令には認められていない罰則の一般的・包括的な委任を地方自治法は条例に認めているようにみえます。そして、実際にも、迷惑行為防止条例、公安条例、青少年保護育成条例などの多くの条例には、法令による具体的な委任はありませんが、多くの罰則が設けられています。なぜこのようなことが許されるのでしょうか。次に、このことが問題となった大阪市の売春取締条例についての事件をみてみましょう。

売春勧誘事件

被告人は、大阪市の街路等における売春勧誘行為等の取締条例で禁止・処罰されている「売春の目的で街路その他公の場所において他人の身辺につきまとい又は誘う行為」を行ったとして起訴されました。罰則の根拠である地方自治法の規定は、授権の範囲が不特定、抽象的で罪刑法定主義を定めた憲法三一条に違反するという被告人側の主張に対して、最高裁判所は次のような理由から、地方自治法と条例の規定は憲法三一条に違反しないとの判断を示しました（最高裁判所一九六二年五月三〇日大法廷判決）。

憲法三一条は、法律の授権によって条例で罰則を制定することを禁じていない。ただし、その授権は不特定の白紙委任的なものではいけない。地方自治法が条例制定を認めた事項は相当に具体的な内容のもので、罰則の範囲も限定されている。しかも、条例は、行政府が制定する命令などとは性質が異なり、国会によって制定される法律に類するものなので、条例によって刑罰を定める場合には、法律の授権が相当な程度に具体的で、限定されていればよい、と。

最高裁判所は、本件では、右の条件がみたされているとしました。しかし、地方自治法は、とくに売春の取締りを定めているわけではありません。地方自治法は、条例を制定できる事項については罰則も定められるとしているにすぎず、このような授権が具体的で限定されているといえるのかには疑問があるでしょう。要するに、最高裁は、地方公共団体の条例制定権の範囲内で、定められる刑の重さには限度がありますが、条例に罰則を置くことを広く認めたのです。ですから、最高裁の「相当な程度に具体的」、「限定」という表現にどれだけの意味があるか、疑わしいように思えます。

むしろ重要なのは、条例は自治立法であって、国会の議決によって制定される法律に類するものだとした点です。なぜなら、法律主義は、何が犯罪かは国民が決めるという民主主義の理念に支えられた原則ですから、住民が選出した議員で構成する地方議会が制定する条例に罰則を置くことは、形式的には法律主義に反するようにみえますが、実質的には、法律主義を支える民主主義の理念に反するものではないからです。このようなところから、地方自治法が一定の範囲で罰則の制定を条例に授権したことの合憲性を理解するべきでしょう。

裁判所が罰則の内容を決める?

罰則を実際に適用して、犯人を罰する裁判所との関係でも、法律主義の内容は具体化されなければなりません。

まず、ある行為が処罰されるかどうかは最終的には裁判所が決めるのですが、裁判所はあらかじめ公布・施行された罰則を適用せずに、処罰することはできません。つまり、日本では、罰則は、国会・行政府・地方公共団体が法として制定したもの(制定法)であることが必要で、裁判所は、制定法によらず、全く独自に新たな犯罪を作り出して処罰することはできないのです。制定法である罰則がないのに、慣習として社会の中に存在する規範だけに基づいて処罰することや、裁判官がもっぱら自分だけの判断で処罰すべきだと思う行為を処罰することは許されないわけです。法律主義の下では、裁判所による処罰は、制定法である罰則の解釈・適用という形、その枠内でされなければならないのです。

許されない刑法の解釈とは

ここで、刑法・罰則の解釈の仕方として、どんなものが許され、どんなものが許されないのかについて説明しておくことにします。

刑法では、一般に、罰則の「拡張解釈」は許されるが、「類推解釈」は許されないといわれています。ここで、拡張解釈、類推解釈とは、条文に示された規範の内容を確定する方法であり、条文の解釈方法のことをいうのですが、それぞれどのようなことを意味しているのでしょうか。さらに、刑法では、なぜ拡張解釈はよいが、類推解釈は許されないのでしょうか。

全く架空の話ですが、老朽化した木製の橋に「牛馬を通行させることを禁止する。禁止に違反した者は〇〇万円以下の罰金に処する」という表示が掲げられているとします。象を連れてこの橋を渡る者に、この罰則の適用があるのかどうかを例として考えてみることにします。

まず、拡張解釈は、この罰則を次のように解釈します。「牛馬の通行」が禁止されているのは、橋が老朽化しているために、重い物が通ると橋が落ちるおそれがあり危険だからである。したがって、「牛馬」とは、文字通り牛と馬をいうのではなく、落橋のおそれがあるような体重の重い動物を指す。それゆえ、象は通行禁止の対象に含まれるし、カバなども当然その中に入る。このように、拡張解釈は、通行禁止の理由・趣旨から「牛馬」を「体重の重い動物」と広げて解釈し、その中に象が含まれているから、通行禁止・処罰の対象になると理解するのです。条文に用いられている用語・概念を、条文の趣旨を根拠として拡張し、問題となっている事例をその中に含めるというわけです。

これに対し、類推解釈の方は、この罰則を次のように解釈します。「牛馬の通行」を禁止しているのは、重い牛馬が通行することによって落橋するおそれがあり、その危険を避けるためである。通行が禁止されている「牛馬」は、文字通り「牛と馬」である。しかし、通行禁止の趣旨は、牛や馬以外の、同様に体重の重い動物、さらには、それよりも重い重機などにも当てはまらなければならない。したがって、象は「牛馬」には含まれないが、「牛馬」と同じく、通行禁止の趣旨からして、その通行を禁止すべきである。このように、類推解釈は、問題となった事例が条文に用いられている用語・概念に含まれていないとしながらも、禁止の趣旨は同じく当てはまらなければならないから、その禁止を条文で規定されていない物にまで類推して及ぼそうとするわけです。

右の例でみたように、拡張解釈と類推解釈の違いは、必ずしも導かれる結論の違いを意味するわけではありません。それは、一定の結論を導くための論理の運びの違いなのです。拡張解釈は、条文で禁止された対象を拡張して解釈し、問題の事例もはじめからその中に含まれていたとするのに対して、類推解釈は、問題の事例は条文で禁止された対象には含まれないが、禁止の理由はその事例にも同じく当てはまるから、同じく禁止すべきだとするのです。つまり、拡張解釈は、問題の事例は罰則が禁止した対象に含まれているとするのに対して、類推解釈は、問題の事例は罰則が禁止した対象には含まれないが、同じく禁止すべきだとするのです。類推解釈が刑法の解釈として許されないのは、問題の事例は罰則が禁止した対象に含まれていないとしながら、なおそれを禁止する点にあります。立法者が罰則で禁止・処罰していないものを処罰しようとする点で、法律主義に反することになるのです。

類推解釈は、条文に含まれていないが、条文で禁止・処罰されている場合との均衡から罰すべきだという立法論にすぎないともいえます。罪刑法定主義が支配する刑法の世界での解釈としては通用しえないのです。問題の事例を処罰するという結論を採るのであれば、それは類推解釈によってではなく、拡張解釈によらなければならないのです。

条文のことばと解釈の限界

罰則の条文解釈は、それが拡張解釈であればどこまでも許されるというわけではありません。条文で使用されていることばの意味による限界があります。前に挙げた「牛馬の通行禁止」の例でいえば、「牛馬」とは、文字通り「牛と馬」を意味するのではなく、それを拡張して「体重の重い動物」と理解し、象やカバを含めることは不可能でないかもしれません。それでも、「牛馬」というのはせいぜい動物までで、自動車を「牛馬」に含めることはできないでしょう。それは、「牛馬」ということば自体からして、動物ではない自動車を含めて理解することは不可能だからです。これが、ことばの意味による条文解釈の限界なのです。

3　罰則は制定前に遡って適用できない

自由の保障

行為が行われた後にそれを犯罪とする法律が制定され、その行為に遡って適用されて処罰されるのでは、私たちは安心して行動できないことになってしまいます。行為後に制定された罰則を遡及適用することは、私たちの行動についての予測可能性を著しく害し、行動の自由を損なうことになるのです。こうしたことから、遡及処罰は禁止されています。遡及処罰の禁止は、行為後に作られた法の適用を禁止するという意味で、事後法の禁止と呼ばれることもあります。

では、このような遡及処罰の禁止はどのような場合にまで及ぶのでしょうか。以下ではいくつかの場合について検討してみます。

遡って処罰する

行為の時点でそれが禁止されていなかったのに、その行為を事後的に遡って処罰の対象とすることが、遡及処罰の禁止に触れることは明らかです。憲法三九条は、「実行の時に適法であつた行為」については何人も刑事上の責任を問われないとして、このことを明言しています。

では、行為の時点で禁止されてはいたものの、禁止違反に対する罰則が置かれず、処罰の対象ではなかった行為を事後的に遡って処罰の対象とすることは、遡及処罰の禁止に触れるのでしょうか。もっとも、このことを考える前提として、そもそも、法的に禁止されているのに、罰則が置かれていない行為などが存在するのか、罰則が置かれていないということはその行為が法的に禁止されていないことを意味するのではないか、という点が問題となるでしょう。奇妙に思われるかもしれませんが、法的に禁止されていながら、罰則が置かれていない行為は現在確かに存在するのです。

売春防止法は、その三条で、「何人も、売春をし、又はその相手方となつてはならない」と定め、売春行為を禁止しています。しかし、売春行為自体を処罰する規定は置かれていないのです。それは、売春行為自体を処罰することは、取締りのため、個人の寝室にまで国家権力が踏み込むことを意味し、国民の個人生活、プライバシーを害するおそれがあるからです。したがって、売春行為自体は処罰せずに、売春を管理し、助長する行為が処罰の対象とされているのです(売春の勧誘、周旋《しゅうせん》、場所の提供などの行為が処罰されています)。こうして、売春行為は法的に禁止されているものの、それに対する罰則は置かれていないのです。

では、売春防止法を改正して、売春行為を処罰することにし、改正法施行前の行為にまで遡って新設された罰則を適用することが許されるでしょうか。売春行為は「実行の時に適法であつた行為」ではありませんから、憲法三九条の規定の明文で禁じられているとはいえません。

だとすると、このように法的に禁止され、違法な行為を事後的に遡及処罰の対象とすることは許されることになるのでしょうか。

まず、法的に禁止された行為をする自由などというものは、法的な保護に値しないと考えることができます。そうだとすると、法的に禁止された行為については、その自由を保障することは問題とならず、したがって、その行為を事後立法により遡及処罰の対象とすることができることになりそうです。しかし、このような結論を承認することには、やはりためらいがあるでしょう。それは、行為をやらせておいて、後からそれを処罰するというのは、一種の「だまし討ち」に近いことで、公正な処罰とはいえないように思われるからです。したがって、遡及処罰の禁止原則はこの場合にも当てはまると考えるべきでしょう。少なくとも遡及処罰の禁止原則に準じて、こうした不公正な処罰は禁止されると解するべきです。このように考えることができるとすると、遡及処罰の禁止原則は、自由の保障を本来の根拠としながらも、公正な処罰という別の要請によって、その範囲、理解は広げられることになるのです。

遡って刑を重くする

次に問題となるのが、すでに処罰されている行為に対する刑を事後的に重くして、それを遡って適用できるかということです。この場合も、犯罪行為を軽い刑で処罰されるという「負担」付きで行う自由は保護に値しないといえるでしょう。しかし、すでに述べましたが、遡及処罰の禁止原則は、公正な処罰という要請によって広げられていると理解できます。そして、処罰の公正さという観点からみると、事後的に刑を重くしてそれを遡及適用することは、それに反するといわざるをえません。したがって、事後的な刑の加重も禁止されると解すべきです。

なお、刑法は六条に次の規定を置いています。「犯罪後の法律によって刑の変更があったときは、その軽いものによる」。これによれば、刑が事後的に加重された場合でも、「軽いもの」である犯罪行為時に定められていた刑が適用されることになります。したがって、事後的に加重された刑の遡及適用は、刑法六条を廃止するか、あるいは、そうでなくとも、刑法六条の特別規定としてそうしたことを定めた場合にだけはじめて問題となることです。しかし、そのようなことは、憲法上の原則である遡及処罰の禁止に触れて許されないと解されるべきなのです。

解釈（判例）の変更と遡及処罰

罰則の適用範囲は、最終的には、それを適用する裁判所の解釈によって決まります。そして、そのような法解釈は常に一義的に確定しているわけではなく、変更されることがままみられるところです。そこで、裁判所による罰則のこれまでの解釈が、被告人に不利益に変更された場合について考えてみます。具体的には、これまで処罰の対象とならないとされていた行為を新たに処罰の対象とするように解釈が変更された場合です。もしも、行為の時点では解釈上処罰できなかった行為が、行為後に解釈が変わって犯罪であるとされ、その新たな法解釈が遡ってその行為に適用されることになると、行為後に罰則を改正して、それを遡及適用して処罰することと同じようなことになります。したがって、行為後に制定された罰則を遡及適用することが禁じられているのと同じく、行為後に不利益に変更された法解釈（判例）を遡及適用することはできないと解されるべきではないかが問題とされているのです。

憲法七六条三項が「すべて裁判官は、その良心に従ひ独立してその職務を行ひ、この憲法及び法律にのみ拘束される」と定めているように、裁判所・裁判官は、憲法を含む制定法にのみ拘束され、裁判所の判断である判例に法的には拘束されませんので、過去の判例と違った判断を行うことができないわけではありません。この意味で、判例は制定法と同じような拘束力をもっているわけではないのです（最高裁判所は、過去の最高裁の判例を変更できます）。

しかし、最上級審である最高裁判所の判例は、下級裁判所（高等裁判所・地方裁判所・簡易裁判所）に対して事実上の拘束力があります。なぜなら、最高裁判所には法解釈を最終的に決定する権限があり、それに反する下級裁判所の判断は最高裁判所で覆るからです。そのため、最高裁判所の判例には、国民に対して、どのような行為が禁止されているかということ、つまり、行為の規範を示す点で、事実上、制定法に似た意味があるのです。したがって、国民の行動の自由を確保するという観点から、制定法と同じく、新たな解釈で行為後に示された行為規範を遡って適用し、それに違反する行為を処罰することは問題ではないかという指摘がなされることになるわけです。また、そうした処罰は、国会により制定された事後立法の遡及適用か、裁判所による新解釈の遡及適用かという違いはあっても、いずれも国家による遡及処罰という点で、国民に対する処罰のあり方として不公正であることには変わりがないという指摘もなされることになります。

こうしたことから、被告人に不利益に変更された解釈(判例変更)は、将来に向かってだけ適用されるべきであり、遡って適用することは認めるべきでないという考えが主張されています。このような判例変更のあり方を、判例の不遡及的変更と呼んでいます。日本の学説では、被告人に不利益な判例変更については、不遡及的適用、すなわち将来へ向かってだけの適用を認めるべきだという見解が有力に主張されているのです。

最高裁判所の立場

学説とは違い、最高裁判所は、被告人に不利益な判例変更の不遡及的適用という考え方を採っていません。行為当時の最高裁判所の判例に従えば無罪となる行為であっても、その判例を変更した上で処罰することは、憲法三九条(「何人も、実行の時に適法であつた行為……については、刑事上の責任を問はれない」)に違反しないとしているのです(最高裁判所一九九六年一一月一八日判決)。

最高裁判所がこのような判断を示した事案は、地方公務員の争議に関する次のようなものでした。被告人は、岩手県教職員組合の中央執行委員長でしたが、日本教職員組合が一九七四年四月一一日に全国規模でストライキを行った際に、同年三月二一日、中央委員会を開催し、同盟罷業(ストライキ)を行わせること、組合員に対して同盟罷業実施体制確立のための説得慫《しょう》慂《よう》活動を実施することなどを決定して、地方公務員である教職員に対して同盟罷業の遂行をあおることを企てたというのです。

地方公務員法(国家公務員法も同じです)によれば、地方公務員には同盟罷業などの争議行為は禁止されています(三七条一項)。そして、争議行為自体は処罰されていないものの、違法とされた争議行為の遂行の共謀、そそのかし、あおり、またはこれらの行為の企てが処罰の対象とされているのです(六一条四号)。こうした争議行為禁止規定が憲法に違反しないかについてはかねて争われていたのですが、罰則の適用に関しては、最高裁判所大法廷の基本的な理解に移り変わりがみられました。

まず、最高裁都教組事件判決(最高裁判所一九六九年四月二日大法廷判決)は、地方公務員法六一条四号の罰則について、争議行為自体が違法性の強いものであることを前提として、そのような違法な争議行為等のあおり行為等であってはじめて、刑事罰をもってのぞむ違法性を認めようとする趣旨であり、また、争議行為そのものを処罰の対象とせずに、あおり行為等に限って処罰している趣旨からしても、争議行為に通常随伴して行われる行為は、処罰の対象とされるべきでないとの判断を示しました。つまり、争議行為、あおり行為の両方の面から違法性の強い行為にだけ刑罰を適用するという「二重のしぼり」論と呼ばれる考え方を展開したのです。この理解は、同日言い渡された国家公務員法違反に関する最高裁全司法仙台事件判決でも明示されました。こうして、「二重のしぼり」論は、国家公務員法と地方公務員法の解釈に関する判例となったのです。

ところが、その後、国家公務員法上の争議禁止に関して、最高裁全農林警職法事件判決(最高裁判所一九七三年四月二五日大法廷判決)は、「二重のしぼり」論を否定し、最高裁全司法仙台事件判決の解釈を明示的に変更したのです。しかし、地方公務員法上の争議禁止に関する最高裁都教組事件判決は明示的には変更されませんでした。それがなされたのは、最高裁岩教組学力調査事件判決(最高裁判所一九七六年五月二一日大法廷判決)で、同判決によって、最高裁都教組事件判決の「二重のしぼり」論は否定されることになったのです。

被告人の本件行為は、最高裁全農林警職法事件判決と最高裁岩教組学力調査事件判決の間の、一九七四年三月に行われました。その時点では、地方公務員法に関する「二重のしぼり」論は否定されていませんから、被告人の行為後にそれを変更した最高裁岩教組学力調査事件判決の考え方を適用すべきではなく、最高裁都教組事件判決の判旨に従って被告人の刑事責任は判断すべきだという主張がなされたのです。

最高裁判所は、この点について、行為当時の最高裁判例によれば無罪となる行為について、その後最高裁判例を変更した上で処罰しても憲法に違反しないとし、憲法上の遡及処罰の禁止は最高裁判例には当てはまらないと判示したのです。なお、河合伸一裁判官は、補足意見で、最高裁判所の判例を信頼して適法であると信じて行為した者を、事情の如何を問わずすべて処罰することには問題があるが、それは、判例の遡及的適用を否定することによってではなく、判例を信頼して自分の行為が適法であると信じたことに相当な理由がある者については犯罪を行う意思が欠けるとして解決すべきだとしています(本件では、判例変更が予想されており、自分の行為を適法であると信じたことに相当な理由があるとはいえないとされています)。

判例の不遡及的変更とその問題点

このように、最高裁判所は、学説の有力説とは異なり、被告人に不利益な判例変更について遡及適用を否定する「判例の不遡及的変更」を認めませんでした。学説でも、最近は、最高裁判所の立場を支持する見解が有力になっていて、この立場は、行為当時の判例を信用した者の保護は、非難できないとして責任を否定することによってなされるべきであるとしています(河合裁判官の補足意見も同じような立場に立っています)。

判例の不遡及的変更は、過去の最高裁判例を被告人に不利益に変更する場合にだけ問題となりますが、それを認めることには、次のような問題があるでしょう。それは、被告人に不利益に判例変更がなされ、その判例の不遡及的変更を認める場合には、被告人の行為は犯罪となることが宣言されはするものの、その被告人は処罰できないことになりますが、およそ処罰できない被告人を、行為が犯罪であると裁判所に宣言してもらうだけの目的で訴追することができるかに疑問があるということです。それだけのために、国民を刑事被告人の地位に置き、刑事手続の負担をかけることができるかどうかには疑問があるといえるのです。

また、判例変更を十分に予想していた被告人について、処罰を否定する根拠となるような、判例に対する信頼を認めることができるかにも疑問があるように思います。河合裁判官の補足意見にはこうした考えが示されているといえるでしょう。かりに被告人がこれまでの判例を変更して処罰することは「不当だ」と考えていたとしても、それは法解釈についてのいわば見解の相違です。そして、そうした見解の相違は、最終的には最高裁判所が決着をつけるというのが法治国家である日本のやり方となっているのです。

４　許されない罰則——内容の適正さ

実体的デュープロセス

罪刑法定主義は、問題の行為が行われる前に法律によって罰則が制定（公布・施行）されていることが必要であるとしますが、事前に法律で定めた罰則であれば、それに違反した行為を処罰することが常に許されるわけではありません。罰則の内容が憲法に違反したものであってはならないことは当然でしょう。こうして、罰則の内容が適正かということが憲法に従って判断されなければならないのです。法の下の平等を定める憲法一四条などの憲法の個々の条項に違反する罰則は、その罰則を憲法に適合するように解釈することができない以上、違憲で無効となることは明らかです。それにとどまらず、国民の権利・自由を理由なく侵害する罰則は、それが憲法の個々の条項に直接違反しているとはいえなくても、違憲無効であると解されるのです。このような罰則を憲法三一条(「法律の定める手続」の保障)に違反して無効だとする考えを「実体的デュープロセス(適正手続)の理論」と呼んでいます。

罰則の内容が適正かどうかが問題となるのには、いくつかの場合があります。以下では、それらの場合について順次考えてみることにします。

無害な行為の処罰

文字通り無害な行為を処罰することは、不必要に国民の行動の自由を侵害することになりますから、許されません。そのような罰則は、憲法三一条に違反して、無効であると考えることができます。以下では、罰則が無害な行為を処罰するものとして憲法上許されないのではないかが問題となった事例について、具体的にみてゆくことにします。

まず、ＨＳ式無熱高周波療法という療法を施すことの処罰が問題となった事例をみることにします。本件当時の「あん摩師、はり師、きゆう師及び柔道整復師法」は、何人も、法令上の資格なく医業類似行為を業としてはならないとし、違反した者を処罰していました。本件の被告人は、ＨＳ式高周波器という器具を使用して、疾病治療の目的で、ＨＳ式無熱高周波療法を有料で施したとして、これにより訴追されたのです。弁護人は、この療法は人体に危害を与えず、保健衛生上なんら悪影響がないから、これを業としても公共の福祉に反せず、憲法二二条で保障された職業の自由の範囲内の行為として許されるべきだと主張しました。

最高裁判所は、法定の資格なく医業類似行為を業として行うことを禁止処罰しているのは、公共の福祉に反するからであるが、それは、その業務行為が人の健康に害を及ぼすおそれがあるからであり、したがって、禁止処罰の対象となるのは、人の健康に害を及ぼすおそれのある業務行為に限られるとしました。そして、原判決（「げんはんけつ」と読みます。上級の裁判所に上訴された元の判決のことです。本件では、高等裁判所の下した判決がこれに当たります）は、本件療法が人の健康に害を及ぼすおそれがあるかどうかについて判示していないとして、原判決を破棄して差し戻す判決を行ったのです（最高裁判所一九六〇年一月二七日大法廷判決）。この最高裁判所の判決の背後には、「無害な行為は処罰することができない」という理解があるということができるでしょう。

もう一つ、薬事法に関する事例についての最高裁判所の判断をみることにします。薬事法は、許可なく医薬品を販売してはならないと定めて、その違反を処罰しています。被告人は、東京都知事の許可を受けず、クエン酸またはクエン酸ナトリウムを主成分とする白色粉末・錠剤の「つかれず」・「つかれず粒」を、高血圧などに良く効くとその効能効果を宣伝して販売したとして訴追されました。本件商品は、「つかれ(疲れ)ず(酢)」(疲れない、ということです)という商品名からも明らかなように、酢と主成分は同じで無害ですから、医薬品として薬事法による規制の対象として、無許可販売を処罰することができないのではないかが問題となります。

最高裁判所は、その名称、形状が一般の医薬品に類似しており、被告人はこれを、高血圧などに良く効くとその効能効果を宣伝して販売したのだから、たとえその主成分が、一般に食品として通用しているレモン酢や梅酢のそれと同じで、人体に有益無害なものであるとしても、通常人の理解において「人又は動物の疾病の診断、治療又は予防に使用されることが目的とされている物」であり、薬事法上の医薬品に当たるとして処罰することを認めました(最高裁判所一九八二年九月二八日判決)。

本判決には、木戸口久治裁判官の反対意見があります。同裁判官は、たとえ人に対する積極的な危険がなくとも、薬効のないものが、それを標榜して自由に販売されると、標榜された薬効に対する過度の信頼から、国民に適切な医療を受ける機会を失わせるおそれがあり、薬事法は「医薬品」の使用によるこのような消極的弊害の防止をも目的としたものと考えることができるとしましたが、本件では、そのような消極的な弊害も認められないとしています。ここでは、無害な行為の処罰を否定する考え方が示されているといえます。

この事件では、最高裁判所は、無害な行為の処罰について、ＨＳ式無熱高周波療法事件とは違った理解を示したとみることもできるでしょう。とはいえ、木戸口反対意見にいう消極的弊害のような考え方を否定したとまではいえないと思います。

不明確な罰則――明確性の原則

罰則が存在しても、その内容が不明確であれば、何が犯罪かがあいまいではっきりしません。これでは、犯罪の内容があらかじめ決められていないことと同じです。また、そのようなあいまいで不明確な罰則は、その具体的な内容はそれを適用することではじめて確定しますから、何が犯罪かが法の適用者（捜査機関・検察官・裁判所）によって事後的に決められることになり、犯罪が立法者である国会により決められないことと同じになってしまいます。このような理由から、あいまい不明確な罰則は、法律主義・遡及処罰の禁止に実質的に反することになり、したがって、罪刑法定主義に実質的に違反することになるのです。このように、あいまい不明確な罰則は罪刑法定主義に違反し、許されない(憲法三一条に違反する)との理解を、明確性の原則と呼んでいます。

かつては、罰則が適用されるその周辺部分はあいまい不明確かもしれないが、問題の事案は罰則が適用される中心部分に含まれることが明らかなので、その罰則を適用して処罰することに問題はないという理解が裁判所により示されることが多かったのです。問題の事案がその罰則により処罰の対象となっていることは明らかだというわけです。

しかし、あいまい不明確な罰則が許されないのは、少なくともその周辺部分にあいまいさ、不明確性がある以上、何がどこまで処罰されるのかが明らかではなくなるので、それが国民の行動指針として十分に働かず、処罰されないようにしようとして処罰されない行動まで差し控えることになり、その結果として行動の自由が害されることになるからです。したがって、問題は、その事案が罰則の処罰対象に含まれているかどうかではなく、罰則それ自体が文面上あいまいで不明確かどうかにあるのです。つまり、罰則の明確性は、罰則自体について、一般的・抽象的に判断されなければならないのです。

最高裁判所の立場

最高裁判所は明確性の原則を認めています。その判断が示されたのは、徳島市公安条例に関する次の事件においてでした。被告人は、一九六八年一二月一〇日に徳島市内で行われた集団示威行進（デモ行進）に青年、学生約三〇〇名とともに参加し、被告人を含むこの集団が車道上で蛇《だ》行進を行い交通秩序の維持に反する行為を行った際に、集団行進を行っている者に蛇行進するように刺激を与え、集団行進者が交通秩序の維持に反する行為をするようせん動しました。これが、徳島市の集団行進及び集団示威運動に関する条例三条三項で定められている「交通秩序を維持すること」という遵守事項に違反し、同条に違反した集団行進のせん動者を処罰する同五条に当たるとして訴追されたのでした。ここで、「交通秩序を維持すること」という定めが犯罪の成立要件の内容として明確であるかが問題とされました。

最高裁判所は、あいまい不明確な罰則は憲法三一条に違反して無効であるという立場を採用しました。そして、罰則の明確性について、以下のような考え方を示したのです（最高裁判所一九七五年九月一〇日大法廷判決）。

刑罰法規の定める犯罪構成要件（処罰の対象となる犯罪の類型）があいまい不明確のため憲法

三一条に違反して無効となるのは、その規定が通常の判断能力を有する一般人に対して、禁止される行為とそうでない行為とを識別するための基準を示すところがなく、そのため、その適用を受ける国民に対して刑罰の対象となる行為をあらかじめ告知する機能を果たさず、また、その適用がこれを適用する国または地方公共団体の機関の主観的判断に委ねられて恣意に流れるなど重大な弊害を生じるからである。しかし、法規は規定の文言の表現力に限界があり、その性質上多かれ少なかれ抽象性を有しており、刑罰法規も例外ではない。したがって、禁止される行為とそうでない行為との識別を可能とする基準といっても常に絶対的なものを要求できず、合理的な判断を必要とする場合がある。それゆえ、刑罰法規があいまい不明確のため憲法三一条に違反するかどうかは、通常の判断能力を有する一般人の理解において、具体的場合に行為がその適用を受けるものかどうかの判断を可能とする基準が読み取れるかによって決めるべきである、と。

そして、最高裁判所は、本件条例は、例示などによって義務内容を明確化することが可能なのにそれを行っていないから、立法措置として極めて妥当性を欠くとしながらも、結論としては、「交通秩序を維持すること」という要件は、平穏な集団行進等に伴う交通秩序の阻害をもたらすにすぎないものか、ことさらな交通秩序の阻害をもたらすものかを考えることによって通常判断に困難はないから、あいまい不明確ではないとしたのです。

広すぎる罰則

条文にあいまいさがなく、それ自体は明確でも、法規制の目的からみてあまりに広すぎる罰則は、国民の自由を不当に侵害するものです。したがって、無害な行為を処罰する罰則が違憲無効であるのと同じような意味で、憲法三一条に違反して許されないと考えることができます。そうだとすると、そのような罰則はそれ自体としては憲法上許されないことになりますので、あとは、憲法に適合した範囲に限定する解釈ができるかどうかが問題となるのです。これが不可能であれば、その罰則は端的に憲法違反であり無効であると解するほかはないわけです。

福岡県青少年保護育成条例事件

罰則が広すぎるのではないかが問題となった事例として、福岡県青少年保護育成条例違反事件を取り上げることにします。福岡県の青少年保護育成条例は、青少年の保護育成のため、青少年(小学校就学時から一八歳に達するまでの者をいいます)に対して「淫行又はわいせつの行為」をすることを禁止し、違反者を処罰しています。被告人は、一八歳未満であることを知りながら当時一六歳の少女と性交を行ったことが、青少年に対する淫行に当たるとして、同条例違反で起訴されました。なお、被告人は、中学校を卒業したばかりの初対面の少女をドライブに誘うなどして性交したのを手始めに、本件までに一五回以上も、車の中や被告人の家で性交を重ねていたとされています。本件では、青少年と同意の上で行う淫行を規制する本条例は法令に違反しないかということも問題とされていますが、ここで取り上げるのは、本条例は、一三歳以上の青少年(これらの者の同意があれば、強姦罪・強制わいせつ罪は成立しません)、とくに婚姻適齢である一六歳以上の女性との自由な意思に基づく性行為についても、結婚を前提とするまじめな合意がある場合を含めてすべて一律に規制するもので、処罰範囲が不当に広すぎるのではないかという問題です。最高裁判所は、次のような判断を示しました(最高裁判所一九八五年一〇月二三日大法廷判決)。

本条例は、青少年の健全な育成を図るため、青少年を対象とする性行為などのうち、その育成を阻害するおそれがあり社会通念上非難されるべき性質のものを禁止することにしたことが明らかである。したがって、本条例の「淫行」とは、広く青少年に対する性行為一般をいうのではなく、青少年を誘惑するなどその心身の未成熟に乗じた不当な手段によって行う性交・性交類似行為のほか、青少年を単に自己の性的欲望を満足させるための対象として扱っているとしか認められないような性交・性交類似行為をいう。このように解釈すれば、処罰範囲が広すぎるとも不明確ともいえない。本件は、被告人が少女を単に自己の性的欲望を満足させるための対象として扱っているとしか認められないような性行為をした場合に当たり、「淫行」に当たる、と。

最高裁判所は、「淫行」を限定的に解釈することによって、広すぎる処罰を回避しました。また、罰則の明確性の問題にも配慮を示しています。しかし、伊藤正己裁判官の反対意見は、多数意見による「淫行」の限定解釈は文言のことばの意味からいっても無理があって、通常の判断能力を有する一般人の理解が及びえないものだと多数意見を批判し、本条例の「淫行」という文言は、正当に処罰の範囲とされるべきものを示すことができず、明確性の要請をみたすことができないものであり、憲法三一条に違反するとしています。これは、罰則の明確性の理解について、多数意見に対する重要な疑問を提起したものということができるでしょう。

罪と刑の不均衡

ある罪に対して、どの程度の刑を定めるかは立法者の裁量に属するといえます。しかし、その裁量にも限度があります。立法裁量の範囲を超えて、犯罪に対して著しく均衡を失する刑を定める罰則は、違憲無効になると考えることができます。最高裁判所も、先に触れた猿払事件大法廷判決で、刑罰法規が罪刑の均衡などの観点から著しく不合理で、とうてい許容できないものであるときは、違憲であるとしているのです（最高裁判所一九七四年一一月六日大法廷判決）。

尊属殺規定違憲判決

現在は削除されていますが、かつて、刑法二〇〇条には、「自己又は配偶者の直系尊属を殺したる者は死刑又は無期懲役に処す」という尊属殺の規定が置かれていました（カタカナ表記をひらがな表記に改めた）。つまり、自分や配偶者の父母・祖父母などを殺害すると、通常の殺人罪（刑法一九九条）の刑（当時の刑は、死刑または無期もしくは三年以上の懲役。現在は、懲役刑の下限は五年に引き上げられています）ではなく、死刑か無期懲役という極めて重い刑が科されることになっていたのです。犯罪の情状に酌《く》むべきものがあるときには、裁判所は裁量で刑を軽くすることができますが、そうだとしても、およそ執行猶予にできないくらい重い刑だったのです。これが、尊属・卑属という身分による不平等を定めるもので、憲法一四条一項の規定（「すべて国民は、法の下に平等であつて、人種、信条、性別、社会的身分又は門地により、政治的、経済的又は社会的関係において、差別されない」）に反するのではないかが以前から問題とされていました。

最高裁判所は、当初、尊属殺規定は憲法に違反しないとしていました(最高裁判所一九五〇年一〇月一一日大法廷判決など)。しかし、最高裁判所は、次のような理解から、これを違憲無効と判断したのです(最高裁判所一九七三年四月四日大法廷判決)。

刑法二〇〇条の立法目的は、尊属を卑属、その配偶者が殺害することは一般に高度な社会的道義的非難に値するとして、通常の殺人よりも厳重に処罰し、とくに強く禁止しようとするものである。尊属に対する尊重報恩は、社会生活上の基本的道義で、このような自然的情愛ないし普遍的倫理の維持は、刑法上の保護に値する。したがって、尊属の殺害は高度な社会的道義的非難に値するとして、このことを処罰に反映させても不合理とはいえず、判決で刑の重さを決めるときに考慮するばかりでなく、類型化して、法律上刑の加重要件としても憲法一四条一項に違反するとはいえない。しかし、尊属殺に規定された死刑または無期懲役という刑はあまりに重すぎ、立法目的達成のため必要な限度をはるかに超え、普通殺の法定刑と比べて著しく不合理な差別的取扱いをするものであり、憲法一四条一項に違反して無効である、と。

ここでは、尊属殺という犯罪に対する刑の加重は、立法裁量の範囲を超えていると判断されたことになります。最高裁判所は、このような理解から、現在は削除されていますが、刑法二

○五条二項に定められていた、自分や配偶者の直系尊属に対する傷害致死罪の規定（刑は、無期または三年以上の懲役）については、刑が極端に重いとはいえず、合理的根拠に基づく差別的取扱いの域を出ないもので、憲法一四条に違反しないとしました（最高裁判所一九七六年二月六日判決）。

やや余談となりますが、このような最高裁判所の理解に対しては、有力な異論があります。それは、尊属殺は被害者が尊属であるというだけで刑を加重していて、そのこと自体、憲法一四条一項に定める「法の下の平等」に反するというのです。とくに、尊属傷害致死罪は、怪我をさせた結果として尊属が死亡したという事実だけで、一般の傷害致死罪よりも刑を重くしていますから、犯人の意思とは無関係に、被害者が尊属であるという理由だけで刑を加重していると考えるしかありません。したがって、「法の下の平等」に反する程度は尊属殺より大きいとすらいえるというのです。なお、尊属殺の規定は、最高裁判所により違憲無効とされた後も、刑法典から削除されずに形式上残り続けるという「異常事態」が続いていましたが、一九九五年の刑法改正で、尊属殺規定だけでなく、尊属傷害致死罪の規定も削除されました（その他の尊属加重規定も一緒に削除されました）。

第三章　犯罪はどんなときに成立するのか

1　犯罪の成立ち

犯罪の成立要件は何か

犯罪はどんなときに成り立つのでしょうか。それに対する答えは、もちろん、窃盗罪、殺人罪など、犯罪ごとに違います。しかし、およそ犯罪であるという以上、そこには何らかの共通したものがあるはずです。本章では、そのような、さまざまな犯罪に共通した要素、ある行為を犯罪であらしめている要素、それは一体何なのかということについて考えてみたいと思います。つまり、およそ犯罪であるためには一体何が必要なのかということです。

このことを考える手がかりとして、殺人を例にとることにしましょう。殺人とは、もちろん人を殺すことですが、それをより詳しくみると、次のようになるでしょう。つまり、殺人とは、人を殺す意思のある犯人が、自分の行為(たとえば、ナイフで切り付ける、拳銃を発射するなど)によって、他人(被害者)の死をもたらすことをいい、このとき殺人罪(刑法一九九条)は成立するのです。この例からみますと、犯罪の要素として、

①犯人の行為

②被害としての結果

③犯人の行為によって結果がもたらされたこと（行為と結果との間に因果の関係があること）

④犯人の犯罪意思（結果を生じさせようとする意思）

を挙げることができるように考えられます。殺人の場合はそうでしたが、では、いつもこれらの要素が必要なのでしょうか。実は、そうでないようにみえる場合があります。その場合について考えながら、犯罪の要素について考えをさらに深めていくことにしましょう。

結果のない犯罪？

まず、被害である結果がないのに犯罪となるように思われる場合があります。たとえば、人を殺そうとして失敗した場合には、殺人罪は成立しません。しかし、人殺しに失敗した犯人は全く処罰されないわけではなくて、殺人を遂げなかった罪、殺人未遂という別の罪で処罰されます。したがって、この場合には、前に掲げた犯罪の四要素のうち、②被害としての結果、③犯人の行為によって結果がもたらされたこと（行為と結果との間に因果の関係があること）が必要とされていないと一応いえます。もっとも、厳密にいえば、そのような理解は正確だとはいえないのですが、いまの段階では、一応このように考えて先に進むことにしましょう。

いずれにしても、この場合には、被害が必要とされていないといった意味で、普通の犯罪と比べて、犯罪となることが緩やかに認められていることになります。つまり、この犯罪(未遂の罪)では、処罰の範囲が普通の犯罪よりも広げられているのです。

認識のない犯罪?

次に、行為の時点で、犯人に④の犯罪意思(結果を生じさせようとする意思)がないのに犯罪となるように思われる場合があります。

たとえば、うっかりと過って人を殺してしまった場合には、殺人罪(刑法一九九条)で処罰されることはありません。しかし、全く処罰されないのではなく、不注意で人を殺してしまった罪、過失致死罪(刑法二一〇条)で処罰されます。この場合、行為の時点での犯人の内心の状態、その心理状態は、「わざと、知りながら」結果を生じさせようとする意思ではありませんが、「不注意で、知らずに」結果をもたらしてしまう意思はあり、そのような意思でもよいことになるのです。

犯人の心理状態が、自分の行為で被害・結果がもたらされることを予想・予見していた場合を故意といい、結果がもたらされることを不注意で知らなかったのですが、注意すればわかったという場合を過失といいます。犯罪が成立するためは、普通、故意が犯人に必要なのですが、例外的に、過失致死罪など、法律にそれと違う特別の定めがある場合には、犯人に過失があることでよいのです。刑法三八条一項の「罪を犯す意思がない行為は、罰しない。ただし、法律に特別の規定がある場合は、この限りでない」という条文は、このことを定めているのです。

2　犯罪被害——結果

犯罪の結果とは

犯罪となるために必要な条件の一つ、被害である結果について考えてみましょう。

「人を殺した」ことを要件としている殺人罪(刑法一九九条)が成立するためには、人の死という結果が発生したことが必要です。ここで、人の死とは何かといえば、殺人罪の規定が保護しようとしている法益(保護法益)である人の生命の侵害を意味しています。また、「人の身体を傷害した」ことを要件としている傷害罪(刑法二〇四条)が成立するためには、人の身体の傷害という結果が発生したことが必要となります。人の身体の傷害とは、人の健康状態を悪化させることをいい、人の健康状態という保護法益の侵害を意味しているのです。

このように、犯罪の結果とは、その犯罪を処罰する規定が保護しようとしている法益の侵害であると理解することができます。殺人罪も傷害罪も、同じく、行為が向けられる対象・客体(これを、行為客体と呼びます)は人ですが、その成立に必要となる結果は、それぞれの保護法益が異なることから、生命の侵害、健康状態の悪化(不良変更)というように違っているというわけです。

殺人罪と傷害罪の例でみたように、行為が向けられる客体(行為客体)と保護法益(これを、行為客体との対比から、保護客体と呼ぶことがあります)とは同じではありません。行為客体が何かは罰則の条文からただちに明らかになりますが、それに対し、保護法益が何かは罰則を解釈することによって明らかにする必要があります。

行為客体と保護法益の違いを別の例でみてみましょう。刑法九五条一項が定めている公務執行妨害罪は、「公務員が職務を執行するに当たり、これに対して暴行又は脅迫を加えた」ときに成立します。行為客体が公務員であることはただちにみて取ることができるでしょう。これに対し、同罪の保護法益は何なのでしょうか。それは、公務員の身体の安全でしょうか。一般的な理解によれば、公務執行妨害罪の保護法益は、「公務員によって執行される公務そのもの」とされています（最高裁判所一九五三年一〇月二日判決）。つまり、公務執行妨害罪は、職務を執行しようとする公務員に対してなされる暴行・脅迫を処罰することによって、公務員により執行される公務自体を保護しようとするもので、公務員を一般の国民よりも特別に保護しようとするものではないのです（そこから、右の最高裁判決は、公務執行妨害罪の規定は法の下の平等を定める憲法一四条に違反しないとしています）。

危険という結果

すでにみた殺人罪にしても、傷害罪にしても、そこで必要となる結果とは、保護法益の現実の侵害（実害）を内容とするものでした。ところが、犯罪の中には、そのように法益が実際に侵害されるのを待たずに、それ以前の段階で成立するものがあります。つまり、法益が侵害される可能性・危険性が生じた段階ですでに成立する犯罪があるのです。これは、法益を一層手厚く保護するために、法益侵害の危険が生じたにすぎない段階にまで処罰を「前倒し」するものだといえるでしょう。いいかえれば、ここでは「法益保護の早期化」が図られていることになるのです。このような犯罪は、法益侵害の危険を、一種の結果として要求するものですから、犯と呼ばれています(これに対して、保護法益の侵害を結果として要求する犯罪は、侵害犯と呼ばれています)。

このような危険犯を処罰することで、私たちは、日常生活で生じる危険から保護されることになります。「危険社会」とも呼ばれる現代社会では、至るところで生じるさまざまな危険から守られた生活を送ることが極めて重要です。そのためにも、危険犯を処罰する意義、その重要性はますます高まっているのです。

危険犯の具体例をみてみます。刑法一二五条一項が定める往来危険罪は、「鉄道若しくはその標識を損壊し、又はその他の方法により、汽車又は電車の往来の危険を生じさせた」ときに成立しますが、そこでは、「汽車又は電車の往来の危険」の発生が成立要件とされています。これは、列車の衝突・脱線・転覆といった列車事故の発生によって、列車内の多くの乗客が実際に死亡したり、重大な傷害を負ったりする段階まで処罰を待つことなしに、そうした事故発生の危険が生じた段階で処罰しようとする規定です。このような「処罰の早期化」によって、鉄道交通の安全自体が確保され、ひいては私たちの生命や身体の安全がより一層手厚く保護されることになっているのです。

もう一つ別の危険犯の例をみることにしましょう。それは、放火罪の規定です。木造建築が多い日本では、火災が発生し、それが広がることによって甚大な人的・物的被害が生じることはこれまでの経験が教えるところです。そのため、放火罪は最も重い犯罪の一つと考えられています。刑法一〇八条が定める現住建造物等放火罪は、「放火して、現に人が住居に使用し又は現に人がいる建造物」などを「焼損《しょうそん》した者は、死刑又は無期若しくは五年以上の懲役に処する」と規定しています。同罪は、人の住居などを「焼損」することによって成立し（「焼損」とは、住居などが全半焼する必要まではなく、それ自体が独立して燃えはじめたときに認められるとするのが、裁判所の解釈です）、人的・物的被害が生じる危険が実際に生じたことまでを必要としていないようにみえます。けれども、この場合には、危険発生を不要としているわけではなくて、人の住居などを焼損することが一般的・類型的にあまりにも危険なので、ことさらに危険発生に言及していないだけだと理解することができるのです。決して人の生命・身体に対する危険が問題とされていないわけではありません。単に、他人の建物を損壊しただけの場合には、建造物損壊罪（刑法二六〇条）として五年以下の懲役に処せられるにすぎません。現住建造物等放火罪の刑が死刑にまでなりうるほど重くなっている（これは、殺人罪で定められている刑と同じです）のは、人の生命・身体に対する重大な危険が考慮されているからなのです。

さらに別の例で、危険のあり方についてみることにします。刑法二一七条は遺棄罪を定めています。遺棄罪は、「老年、幼年、身体障害又は疾病のために扶助を必要とする者を遺棄した」ときに成立し、一年以下の懲役が科されることになっています。これらの者を「保護する責任のある者」が同じ罪を犯したときには、保護責任者遺棄罪(刑法二一八条)として刑が加重されます(三月以上五年以下の懲役となります)。これらの遺棄罪は、お年寄りや乳幼児などを「遺棄」すると成立することになりますが、それは、扶養義務の違反自体を処罰する趣旨ではなく、保護を必要とする弱者を保護された環境から保護のない環境へと移すことで、その生命などの安全を害する危険をもたらす行為を処罰の対象とするものなのです。

近年、親が育てることのできない乳幼児を保護するため、病院に「赤ちゃんポスト」が設置され話題となっています。病院に設置された「赤ちゃんポスト」に乳幼児を置いて立ち去る行為は、乳幼児を扶養する義務の放棄ではありますが、乳幼児の生命などに対する危険が生じないため、遺棄罪・保護責任者遺棄罪は成立しません。このことが、「赤ちゃんポスト」設置の大前提となっているのです。

3　行為と結果の結び付き──因果関係

因果関係の必要性

犯人によりある行為が行われ、その後、法益侵害の結果が発生していても、その行為と結果との間に、「行為によって結果が生じた」という関係、つまり、因果関係が認められなければ、犯罪は成立したとはいえません。そうでなければ、同じことの繰り返しになりますが、犯人の行為によって結果を生じさせた、犯人の行為が結果を惹起《じゃっき》したとはいえないからです。

たとえば、AがBに怪我をさせようとして、その背後から突然Bに向かって石を投げたところ、石は当たらずに逸れたが、そのときBがたまたま貧血状態となって倒れたため、頭部を地面に打ち付けて怪我をした、という事例について考えてみましょう。この事例では、Aが投石し、そして、Bは頭部に怪我を負っています。しかし、頭部の怪我はAの投石によって生じたのではありません。つまり、Aの投石とBの怪我との間には因果関係を認めることができません。したがって、Bの怪我（傷害）はAの行為によってもたらされたとはいえず、AはBを傷害した傷害罪で処罰されることはないのです（裁判所の解釈によれば、Bに対し、投石という物理的な力の行使があったので、刑法二〇八条の暴行罪が成立しうることにはなります）。

犯罪の実質は、私たちの保護に値する利益（保護法益）の侵害です。そのような法益侵害の結果を生じさせたとして犯人は処罰されるのですから、犯人の行為と結果との間を結び付ける因果関係は、処罰を基礎付ける極めて重要な要件なのです。実際にも、犯人の行為が行われ、その後、結果が発生はしているが、行為と結果との間にさまざまな事情が生じたために、行為と結果との間に因果関係を認めることができるかが問題となることはときどきみられます。以下では、この行為と結果とを結び付ける因果関係について、考えてみることにしましょう。

因果関係とは

行為と結果との間に因果関係を認めるためには、両者の間に事実面でのつながり（因果関係）が認められることが必要です。この関係がなければ、行為が結果を引き起こしたということはできません。問題は、この事実的な因果関係の内容をどのようなものとして理解するか、それをどうやって判断するかにあります。

また、行為と結果との間に事実的なつながりが認められれば、行為と結果との間に常に因果関係が認められ、行為が結果を引き起こしたとして処罰することが常にできるものでしょうか。

たとえば、AがBをバットで殴ったところ、打撲傷を負ったBは病院へ搬送されて治療を受けた。命に別状があるような怪我ではなかったが、念のために経過を観察するため一晩病院に入院したところ、病院が放火により全焼し、Bが焼死したとします。この事例では、Aの殴打により傷害を負ったBが入院し、そのために病院の火災で死亡しています。この意味では、Aの行為とBの死という結果との間には事実的なつながりがあるといえますが、しかし、AはBの死を引き起こしたとして処罰することができるのでしょうか。

この問題の解決は必ずしも容易ではありません。これまでにさまざまな議論が展開されてきたのです。一体どのように考えたらよいのでしょうか。

事実的因果関係

まず、行為と結果との間の事実的なつながり、事実的な因果関係について検討してみることにします。事実的な因果関係は、一体どのようなものとして理解され、どのように判断されているのでしょうか。

これまでの一般的な理解は、「行為を取り去ると、結果がなくなる」場合に行為と結果との間に事実的な因果関係(このような理解では、これを条件関係と呼びます)があるというものでした。「行為なければ結果なし」という場合に、事実的因果関係(条件関係)が肯定されるとするのです。たとえば、拳銃の引き金を引いて弾丸を発射し、その弾丸が被害者の身体に命中して、被害者が死亡したという事例について考えてみましょう。右の理解によれば、拳銃の引き金を引くという行為を取り去ってみると、その後の事実がどうなるかを判断します。この事例では、拳銃の引き金を引かなければ弾丸が発射されることはなく、その結果として、弾丸が被害者の身体に命中することもありません。したがって、被害者は銃創によって死亡することもなかったであろうと考えられることになります。こうして、「行為(拳銃の引き金を引く)なければ結果(被害者の死)なし」といえますので、拳銃の引き金を引く犯人の行為と被害者の死との間に事実的な因果関係があるといえることになるわけです。

「行為なければ結果なし」といえるかを判断する方法は、行為と結果の事実的なつながりを「発見」するために適したものであるといえるでしょう。けれども、次のような場合には、疑問が湧いてくるのではないでしょうか。それは、犯人の行為を取り去っても、他人の行為が行われて、それによってやはり同じ結果が生じたであろうという場合です。この場合には、犯人の行為によって結果が生じたようにみえますが、犯人の行為を取り除いてみると、「行為なくとも、他人の行為によって結果あり」となりますので、行為と結果との間に事実的な因果関係を認めることができなくなるように思われるのです。これは、犯人の行為以外に、同じく結果を生じさせる他人の行為を想定できる場合、つまり、犯人の行為に代わって結果をもたらす代替的原因となる行為のある場合です。次に、このような場合について、事実的な因果関係をいかに理解したらよいか、考えてみることにします。

代替的原因と事実的因果関係

まず、死刑執行事例と呼ばれる事例について考えてみます。これは、もちろん仮定の設例ですが、死刑囚に対して死刑執行が行われようとするとき、死刑執行のボタンを押そうとする刑務所職員Bを被害者の父親Aが押しのけて、自分で死刑執行のボタンを押して、死刑囚を死亡させたというものです。この場合には、Aがボタンを押して死刑囚は死んだのですから、Aの行為と死刑囚の死との間には、当然、事実的なつながりがあると考えることができます。しかし、「行為なければ結果なし」の判断方法を適用すると、Aがボタンを押さなければ、Bがボタンを押して、死刑囚は同じく死んでいたであろうといえますから、Aの行為と死刑囚の死との間に事実的な因果関係を認めることができなくなります。被害者の父親Aは死刑囚を殺害することによって復讐を遂げようとしたのですが、Aの行為と死刑囚の死との間に事実的な因果関係が否定され、Aは復讐を遂げることができなかったことになるのでしょうか。このような理解は常識的におかしいのではないか、という疑問がただちに生じてくるはずです。この場合、Aの行為と死刑囚の死との間には明らかに事実的な因果関係があるはずで、それは「行為なければ結果なし」では判断できないのではないかということです。

似たことは、毒薬事例と呼ばれる事例についても問題となります。それは、AがVを殺害しようとして、Vが飲むドリンクの中に致死量の毒薬を入れ、Vはそれを飲んでただちに死んだのですが、実は、Aと無関係に、Bもまたそのドリンクの中に致死量の毒薬をすでに入れていたという事例です。この場合には、Aが毒薬を入れなくても、Bがすでに毒薬を入れているため、やはりVは死んでいたであろうといえ、「行為なければ結果なし」の関係を認めることはできないのです。また、Bが毒薬を入れなくとも、Aの毒薬でVは死んでいたであろうといえますので、Bの行為についても、同じことがいえることになります。となると、その結果として、Vは毒を飲んで死んだのですが、実はAもBもVを殺していない(!)ということになるのでしょうか(では、誰がVを殺したというのでしょう)。この結論は不自然です。もっとも、この事例の解決は、死刑執行事例の場合ほど明らかではありません。というのも、Aの毒が効いたか、Bの毒が効いたかはっきりしないということが考えられますので、もしそうだとすれば、毒薬の混入と死の結果との間に事実的な因果関係があることを証明できないということになるからです。

「行為なければ結果なし」という判断の仕方には以上のような問題があるため、事実的な因果関係の理解・判断方法については、次のような考え方が登場することになります。それは、「行為なければ結果なし」という関係は事実的な因果関係それ自体ではなく、それを「発見」するための一つの判断方法にすぎないと考えるということです。したがって、「行為なければ結果なし」という関係が認められなくても、前に挙げた死刑執行事例のように、行為と結果との間に事実的なつながりを明らかに認めることができれば、事実的因果関係を肯定することはできると考えるのです。

もっとも、この問題は奥深く、さらに検討が必要なのですが、「入門」の域をはるかに超えますので、残念ですが、本書ではこのあたりで議論をひとまず打ち切ることにしたいと思います（興味のある方は、山口厚『刑法総論〔第２版〕』（有斐閣）五一頁以下などを参照してください）。

法的因果関係

次の問題は、行為と結果との間に事実的なつながり（因果関係）があれば、そのことによって犯罪の成立要件としての因果関係（これを、法的因果関係と呼ぶことにします）があるとしてよいのだろうかということです。このことは、行為と結果との間に異常な行為・事態が介在した場合に実際上問題となります。

たとえば、AがBと喧嘩をして、Bに打撲傷を負わせたところ、Bが搬送されて入院した病院にテロリストCが侵入してライフルを乱射し、Bが射殺されたという事例を考えてみましょう。この事例では、AはBに打撲傷を負わせたため、傷害罪（刑法二〇四条）が成立することは明らかですが、傷害致死罪（刑法二〇五条）が成立して重く処罰されるかどうかが問題となります。Aの殴打行為があり、また、Bの死という結果が発生している。そして、Aが殴打してBに打撲傷を負わせなければBは入院することもなく、入院中にテロリストCによって射殺されることもなかったといえる。このように考えると、Aの行為とBの死という結果との間には事実的なつながり（因果関係）があることになります。しかし、Aの行為によってBの死を生じさせたとして、Aを傷害致死罪で処罰することにはかなり違和感があるでしょう。Bの死をもたらしたのは、ほかならぬテロリストCのライフル乱射行為であって、CがBの死について殺人罪（刑法一九九条）の刑事責任を負うと考えるのが「常識的」ではないでしょうか。

現在、ほとんどの刑法学者はこのように考えています。つまり、かつては事実的因果関係があるだけで法的因果関係を認めてよいとする見解も主張されていましたが(これを、事実的因果関係としての条件関係だけで法的因果関係を認めることができるとするところから、条件説と呼んでいます)、現在は、法的因果関係は事実的因果関係よりも限定されたものだとする理解が一般的です。裁判所も、かつては、条件説のような理解に立っていたのですが、現在は、以下でみるように、それとは一線を画しているのです。

因果関係の限定——相当性

事実的因果関係を限定するものとして、学説上登場したのが、次の見解です。それは、行為と結果の間に、私たちの経験則上通常ありえない、異常な行為・事態が介在した場合には、たとえ行為と結果との間に事実的因果関係があっても、その関係は経験則上通常ありえないという意味で「相当」ではないから、法的因果関係は否定されるというものです。この見解を、行為と結果との間に事実的因果関係の「相当性」を要求して、法的因果関係を限定するところから、相当因果関係説と呼んでいます。この見解は、事実的な因果関係だけで法的因果関係があるとするのではあまりに処罰範囲が広くなりすぎ、それを適切な範囲に限定する必要があるという理解から、「相当性」がそうした限定基準を与えるものとして、学説において通説的な地位を占めてきたのです。

最高裁判所も次のケースで、事実的因果関係があったにもかかわらず、相当因果関係説を思わせる基準によって法的因果関係を否定しました。そのケースは、米兵ひき逃げ事件と呼ばれるものです。被告人（米兵）Ａは、自動車を運転中、過って、被害者Ｂが乗る自転車に自分の自動車を衝突させてＢをはね飛ばしました。Ｂは、Ａが運転する自動車の屋根にはね上げられ、意識を失ったのでした。ＡはＢを屋根の上にのせていることに気付かないまま自動車の運転を続けていたのですが、やがて同乗者Ｃがこれに気付き、時速約一〇キロで走っている自動車の屋根の上からＢの身体をさかさまに引きずり降ろし、アスファルト舗装道路上に転落させて、その後死亡させたというものです。

このような事実について、最高裁判所は、同乗者が走行中の自動車の屋根の上から被害者をさかさまに引きずり降ろし、道路上に転落させるなどということは、経験上普通予想できないから、被告人の過失行為によって被害者の死の結果が発生することは経験則上当然に予想できるとはいえないとして、被告人の行為と被害者の死の結果との間について法的因果関係の存在を否定しました（最高裁判所一九六七年一〇月二四日決定）。このケースでは、被告人が過って被害者をはね飛ばさなければ、被害者は自動車の屋根の上にのることはなく、また、同乗者によって屋根の上から引きずり降ろされることもなく、道路上に転落することもなかったといえますので、被告人の行為と被害者の死との間には事実的因果関係が明らかに認められます。しかし、最高裁判所は、被告人の行為後に介在した同乗者の行為は経験則上普通ありえない異常なものだから、被告人の行為と被害者の死との間に法的因果関係を認めることができないとしたのです。このようにみると、最高裁判所は相当因果関係説のような考え方によって法的因果関係の範囲を限定したことがわかります。

大阪南港事件決定とそのインパクト

最高裁判所は、米兵ひき逃げ事件で相当因果関係説を思わせる基準により法的因果関係の範囲を限定する判断を示した後、そうした基準を用いて法的因果関係を否定することはありませんでした。むしろ、病気などの被害者の特殊事情のために結果が発生したという場合では、米兵ひき逃げ事件決定以前と同じく、厳しく法的因果関係を認める態度が示されていたのです（たとえば、年配の女性を「布団蒸し」にしたところ、被害者が意外にも重い心臓疾患を患っていたため死亡したという布団蒸し事件では、暴行と死との間に因果関係が認められています（最高裁判所一九七一年六月一七日判決））。

そうした中、米兵ひき逃げ事件決定との対比で注目されるのが、次の大阪南港事件に関する最高裁決定です。この事件は、次のような事実関係からなっています。被告人は、某日午後八時頃から午後九時頃まで、三重県某所の飯場《はんば》(第一現場)で、洗面器の底や皮バンドで被害者の頭部などを多数回殴打するなどして血圧を上昇させ、被害者に内因性の脳内出血を生じさせて意識消失状態にしました。その後、被告人は、被害者を大阪南港にある建材会社の資材置場(第二現場)まで自動車で運び、午後一〇時四〇分頃その場に放置して立ち去ったところ、被害者は翌日未明脳内出血により死亡したのです。なお、被害者は、生きている間に、第二現場で何者かによって角材で頭頂部を多数回殴打されていましたが、その殴打はすでに生じていた脳内出血を拡大させ、幾分か死期を早める影響を与えるものであったと認められています。

捜査当局は角材で殴打したのは被告人自身だと考えていましたが、それは刑事裁判で証明されませんでした。刑事裁判では、被告人に不利益な事実は、証明されない限りなかったものとされますので(これが、「疑わしきは被告人の利益に」という刑事裁判の鉄則です)、角材で殴打した者は被告人以外の第三者であるという前提で被告人の行為と被害者の死との間の因果関係が判断されることになったのです。

以上の事実関係を前提として、最高裁判所は、「犯人の暴行により被害者の死因となった傷害が形成された場合には、仮にその後第三者により加えられた暴行によって死期が早められたとしても、犯人の暴行と被害者の死亡との間の因果関係を肯定することができ」るとして、傷害致死罪（刑法二〇五条）の成立を認めたのです（最高裁判所一九九〇年一一月二〇日決定）。

この大阪南港事件では、第一現場での被告人による暴行と第二現場での被害者の死との間には事実的因果関係を認めることができます。なぜなら、第一現場での被告人の暴行により被害者が意識消失状態となったことが原因となって、被害者の第二現場への移動・置去りがなされたわけですし、そして、そこに置去りにされたために、何者かによる殴打があり、被害者の死がもたらされたからです。この事件で問題となるのは、被告人の行為後、第二現場で何者かによって殴打が行われていることです。このような行為が介入することは、経験則上普通ありえない異常なことだといえます。したがって、米兵ひき逃げ事件でもそうであったように、相当因果関係説によれば、事実的因果関係があったとしても、法的因果関係が否定されるのではないかと考えられます。しかし、それにもかかわらず、最高裁判所は、被告人の行為と被害者の死との間に法的因果関係を認めたのです。そして、学説も、少数の例外を除き、最高裁判所のこの結論自体に異論を唱えることはありませんでした。

大阪南港事件で、犯人の行為と結果との間に経験則上普通ありえない異常な行為・事態が介入したにもかかわらず法的因果関係が否定されなかった、そしてその結論自体にはあまり異論がなかったということは、相当因果関係説を支持する学者に衝撃を与え、大げさな表現ですが、「相当因果関係説の危機」が叫ばれるようになりました。少なくとも、相当因果関係説は、大阪南港事件の結論と整合性が取れるように修正を必要とすることが明らかとなったのです。

行為の危険性の現実化

大阪南港事件で被告人の行為と被害者の死との間に法的因果関係が肯定されたことについては、第一現場での被告人の暴行によって被害者の「死因となった傷害」が形成されたという事情が重要な意味をもっていると考えられます。つまり、第一現場での被告人の暴行によって生じた傷害が決定的な原因となって被害者は死亡したのであって、その場合には、被告人の行為後に第三者の経験則上普通ありえない異常な行為が介入しても、被告人の暴行によって被害者が死亡したとの判断は揺るがないと考えることができるのです。この点で、行為後に経験則上普通ありえない異常な行為・事態が介入することによって法的因果関係を否定する相当因果関係説は修正を迫られることになるといえるでしょう。

これに対して、被告人の行為後に介入した第三者の行為が、被害者の死期を幾分か早める影響をもつ程度にとどまるものではなく、たとえば拳銃で心臓を撃ち抜いて即死させた場合のように、当初の暴行による傷害とは違った傷害をもたらし、それが決定的な原因となって被害者が死亡したときには、違った結論となるように思います。この場合には、当初の被告人の行為と結果との間に事実的な結び付き(因果関係)を認めることができるものの、被害者の死をもたらしたのは、当初の被告人の行為というよりは、その後に介入した第三者の行為であると考えることができるからです。

法的因果関係に関するこのような考え方は、次のようにその内容を表すことができます。犯人の行為は、法益侵害の結果をもたらす危険性をもつものとして禁止されるのですが、その行為の危険性が結果へと現実化する過程(たとえば、ナイフで人に切り付ける行為は人の生命をおびやかす危険な行為ですが、そのナイフが被害者の腹部に刺さり、さらに腹部に生じた傷が悪化して、ついには被害者がその傷がもとで死亡すること)が因果関係にほかなりません。つまり、犯人の行為の危険性が結果へと現実化したときに、犯人の行為と結果との間に法的因果関係を認めることができ、そのような危険性の現実化が認められないときに、法的因果関係が否定されることになるのです。犯人の行為後に経験則上普通ありえない異常な行為・事態が介入した場合には、この危険性の現実化が否定されることが多いでしょう。しかし、介入した行為の結果発生への「寄与の度合」が小さい場合には、その行為が介入することがたとえ経験則上普通ありえないことであったとしても、当初の犯人の行為の危険性が結果へと現実化したとなお評価することができるのです。

これに対して、当初の犯人による殴打の後に、第三者による拳銃発射が介入し、被害者は殴打による打撲傷ではなく銃による傷が原因で死亡した事例のように、介入した行為が結果に対して大きな「寄与度」をもつものである場合、さらには、結果の直接的原因として決定的な重要性をもつものである場合には、状況は異なります。この場合には、当初の犯人の行為は、その後に介入した行為を介して結果へと結び付きうるにすぎませんから、犯人の行為によって介入行為がなされる可能性・蓋然《がいぜん》性があるときにはじめて、犯人の行為の危険性が介入行為を媒介として結果へと現実化したといいうるにすぎないことになるのです。右の事例では、殴打が拳銃発射をもたらす可能性、殴打後に拳銃が発射される可能性は普通考えられませんから、犯人の殴打の危険性が被害者の死へと現実化したと評価できないことになります。この事例で被害者の死へと現実化した危険性をもっていたのは、第三者による拳銃発射なのです。

近年の裁判所の理解(判例)は、犯人の行為の危険性が結果へと現実化したかによって法的因果関係を判断・評価するものと考えることができます。学説も、判例の結論を否定しない以上は、おそらく、従来の相当因果関係説からそうした理解へと次第に移っていくものと思います。

法的因果関係判断の類型化

説明がやや複雑になりましたので、最後に、法的因果関係に関する以上の理解をまとめておくことにしましょう。まず、法的因果関係を認めるためには、犯人の行為と結果との間に事実的因果関係が必要です。さらに、法的因果関係を肯定するためには、このような事実的因果関係に加えて、犯人の行為の危険性が結果へと現実化したことが必要となるのです。そして、このような危険性の現実化のあり方については、次の二つの類型を考えることができます。

第一の類型は、犯人の行為によって結果をもたらす決定的な原因が作られた場合で、大阪南港事件決定のいう「犯人の暴行により被害者の死因となった傷害が形成された場合」がこれに当たります。この場合は、犯人の行為後に経験則上普通ありえない異常な行為・事態が介入したとしても、犯人の行為の危険性は結果へ現実化したと認めることができるのです。

第二の類型は、犯人の行為によって結果をもたらす決定的な原因が作られたのではなくて、その後に介入した他人の行為によってそれが作られた場合です。この場合には、犯人の行為がもとでそのような結果の直接的原因となる行為が行われるという可能性・蓋然性が必要となり、そのときはじめて犯人の行為の危険性は結果へと現実化したといえるのです。

こうしてみると、犯人の行為後に介入する行為・事態が経験則上普通ありえないものかどうかということは、第一類型においては意味をもちませんが、第二類型においてはなお意味をもつと考えることができます。従来の相当因果関係説は、第一類型についても介入行為が経験則上普通ありえないものかどうかという判断を行おうとしていた点で、修正が必要でしょう。法的因果関係を認めるに当たって決定的な基準となるのは、因果経過、因果の流れの経験則上の通常性それ自体なのではなく、行為の危険性が結果へと現実化したかどうかなのです。

4　犯人の行為とは

行為が必要――作為と不作為

結果、因果関係とみてきましたが、さらに行為について考えてみることにしましょう。

行為がなければ犯罪はありません。つまり、犯人の心の中にある悪い意思だけで犯罪の成立を認めることはできないのです。倫理の世界では、心の中で悪いことを考えることと、それを実際に実行することとは同じ意味をもつことがあるかもしれませんが、刑法の世界では、そのようなことは認められません。この行為主義とでも呼ぶことのできる考え方は、刑法の最も基本的な大原則であるといってもよいでしょう。

このことは、たとえば、拳銃を発射して人を殺害する、ナイフで人の身体に切り付ける、うまい話をもちかけて人からお金をだまし取る、といった事例を考えるとわかりやすいでしょう。いずれも、拳銃の引き金を引く行為、ナイフで切り付ける行為、人をだます行為という積極的に一定の結果・効果を生じさせる行為が認められ、したがって犯罪となりうるのです。

これらの行為は「作為」と呼ばれるものですが、行為はこのような作為には限られません。行為には、作為のほか、「期待された作為」を行わないという「不作為」もあります。たとえば、海で溺れている人を救助しない、公園で行き倒れている人を救護しない、といったことが不作為です。この場合には、外形的には、何もせず単に傍観しているだけということがあるのですが、人の死などの被害の発生を防ぐことが期待される場合には、単なる傍観であっても、それは期待に添わない不作為として評価され、場合によっては処罰されることがあります。この場合には、期待された作為を怠るという実体が認められ、単に悪い意思といった内心のあり方が処罰の対象となっているわけではないことに留意が必要です。このことは、乳児と二人で暮らしている母親が授乳を放棄して乳児を餓死させるといった事例を考えれば、明白でしょう。

不作為の処罰？

乳児と二人で暮らしている母親が授乳せずに乳児を死亡させたといった事例では、この母親を、授乳を怠り乳児を死亡させた(授乳の不作為)として処罰することが許されるでしょう。しかし、乳児が授乳されていないことをたまたま知った隣人が何もしなかった場合はどうでしょうか。あるいは、夏の海岸で日光浴中、沖合で人が溺れているのを知りながら何もしなかった多くの人たちはどうでしょう。これらの場合でも、もちろん人助けはすべきですし、した方が望ましいことは当然ですが、これらの人々の不作為を犯罪として処罰することが適切かは極めて疑わしいといえるでしょう。

作為の場合には、それによって「積極的に」法益侵害の結果を生じさせたといえますので、そのような作為を処罰することに問題はあまりありません。他人の法益を侵害する自由などというものは認められませんので、法益侵害の結果をもたらす作為を禁止して、それを処罰することに問題はないのです。これに対し、不作為の場合には状況が異なります。不作為は、他の原因のため法益侵害の結果が生じようとしているのを「消極的に」防がないこと、人助けをしないことがその実態です。そして、倫理的にはもちろん人助けはすべきでしょうが、問題はそれが法的に強制されるのかということです。ことに、人助けをするには、自分がやりたいことをなげうって、積極的に「エネルギーを投入する」ことが必要です。場合によっては、自ら危険を冒さなくてはなりません。このようなことは、普通要求できないのではないか、しかも、その要求に従わないと処罰されるということは普通認めがたいのではないかと考えられます。

こうして、不作為をどんな場合に犯罪として処罰できるかは、難しい問題となってくるのです。

不作為処罰のあり方

ところで、刑法の規定をみると、不作為自体が処罰の対象とされている場合があります。刑法一三〇条は、「正当な理由がないのに、人の住居若しくは人の看守する邸宅、建造物若しくは艦船に侵入し、又は要求を受けたにもかかわらずこれらの場所から退去しなかった」者を処罰しています。前半は住居侵入罪と呼ばれる犯罪ですが、後半は人の住居などから退去しないという不作為を処罰するもので、不退去罪と呼ばれています。また、刑法一〇七条は、「暴行又は脅迫をするため多衆《たしゅう》が集合した場合において、権限のある公務員から解散の命令を三回以上受けたにもかかわらず、なお解散しなかった」多衆不解散罪を定めています。ここでは、解散しないという不作為が処罰の対象となっています。さらに、刑法二一八条は、「老年者、幼年者、身体障害者又は病者を保護する責任のある者が……その生存に必要な保護をしなかった」場合に成立する保護責任者不保護罪を規定しています。保護を必要とする者の不保護という不作為が処罰されることになるのです。

こうした規定では、限られた範囲の者の不作為、限られた状況での不作為が明示され処罰されています。この場合、このような不作為は処罰に値するという立法者の評価・判断が示されているといえるでしょう。不作為が犯罪として処罰される場合に、その犯罪を一般に不作為犯と呼びますが、立法者が不作為を明示的に処罰しているこれらの場合を(妙な表現ですが)「真《しん》正《せい》不作為犯」と呼んでいます。この場合には、立法者が決めた処罰の条件がみたされるかという、「当てはめ」の判断によって不作為処罰の成否が決められることになるのです。

このような真正不作為犯に比べて、より問題が大きいのが、不作為が明文で処罰の対象となっていないのに、なお作為とともに処罰される場合です。これを、「不真正不作為犯」と呼んでいます。このような不真正不作為犯は一体どんな場合に成立するのでしょうか。

この場合には、真正不作為犯と違って、処罰の条件は立法者によって示されていません。したがって、それを解釈によって明らかにする必要がありますが、それはかなり解決の難しい課題なのです。前に触れた、乳児と二人暮らしの母親が授乳せずに乳児を餓死させたという事例では、刑法二一八条の保護責任者不保護罪の適用も問題となりますが、母親に殺意があれば、刑法一九九条の殺人罪の適用が問題となります。ところが、殺人罪は「人を殺した者」を処罰すると定めるだけで、どんな場合に不作為が殺人罪として処罰されるのか明らかではありません。一体どのように考えたらよいのでしょうか。

作為と同価値であること

作為は結果を積極的に生じさせること(結果惹起)であるのに対し、不作為は結果発生を防がないこと(結果不阻止)であって、両者は事実面で全く違うという理解から、罪刑法定主義が支配している刑法では、不作為を処罰する明文の規定がない限り、不作為の処罰はできないという見解もありえます。しかし、このような理解は日本では一般に支持されていません。それは、何度も取り上げている母親が乳児に授乳せずに餓死させる事例には殺人罪として処罰できる場合があると考えられるように、場合によっては、不作為を明文で処罰の対象としていない規定で不作為も処罰できると考えられるからです。つまり、不作為の場合でも「人を殺した」といえる場合があり、したがって、不作為を殺人罪で処罰しても、罪刑法定主義に反するわけではないと考えられているのです。

しかし、このように考えることができるとしても、それで問題が解決したわけではありません。普通は作為を処罰する規定で不作為も処罰するというのは、その不作為を、処罰の対象となっている作為と同じだと考えられるということを意味するでしょう。つまり、そのような不作為は、積極的な結果惹起か消極的な結果不阻止かという点で、事実面においては作為と違っているとしても、それにもかかわらず、それに対する評価の面では作為と同じであり(同価値性)、したがって、作為と同じく処罰の対象となると考えられるのです。そうすると、そのような作為との同価値性はどんな場合に認められるのかが問題となってきます。

作為義務

不作為の作為との同価値性について検討する前に、不作為がどんな場合に処罰されるかを別の側面から考えてみることにしたいと思います。人の法益を侵害する自由といったものがあるとは普通考えられませんから、法益を積極的に侵害する作為については、それをやめることを法で要求することができるでしょう。つまり、作為によって法益侵害の結果を生じさせることを法で禁止することに普通特別の問題はありません。

これに対して、すでに述べたように、不作為は、他の原因によって生じようとしている法益侵害の結果を阻止しないことで、要するに人助けをしないことです。倫理の問題は別として、他のことが原因で生じようとしている法益侵害の結果を阻止する法的な義務、人助けをする法的義務といったものは、作為の場合とは逆に、例外的にしか認めることはできないでしょう。これをいいかえれば、結果を惹起する作為の場合にはそれをしない義務、つまり不作為義務は普通認められますが、結果を阻止しない不作為の場合にはそれをしない義務、つまり(不作為をしないということで)作為する義務は普通認めることができません。そのため、不作為犯は普通処罰されないのです。

しかし、例外的な場合には作為義務を認めることができます。このことは、前に示した不作為を明文で処罰の対象としている規定があり、それが不当な罰則であるとは考えられていないことに示されています。では、このような真正不作為犯の場合ではなく、普通作為を処罰の対象とする規定で不作為を処罰する場合である不真正不作為犯では、作為義務はどんな場合に認めることができるのでしょうか。

この点についての伝統的な理解は、次のようなものです。不作為を法的に禁止されたもの(違法なもの)とするために必要な作為義務は、倫理的な義務では足りず、法的な義務でなければばなりません。つまり、作為義務の法的な義務としての性格がとくに強調されることになります。このことによって、倫理的な考慮から作為義務を際限なく広げて理解し、不作為を広い範囲で処罰することに対して歯止めをかけようというのです。

そして、このような法的な作為義務としては、まず、法律上定められた義務、契約で決められ、法的な効果が認められた義務が考えられることになります。たとえば、親は子どもを育てる義務が法律上定められています（民法八二〇条には、親の監護義務が規定されています）。また、日中仕事をするために自分で子どもの世話ができない親は、保育施設と契約して、子どもの世話を任せることになります。保育施設は、こうして、契約によって、子どもの世話をする義務を負うことになるのです（義務に違反すると、損害賠償の支払いなど法的効果が生じます）。こうした親や保育施設の義務は、法律上認められた義務で、それを怠ることは法的に禁止されているということができるでしょう。このようにして、法律、契約といった法的な義務の根拠が作為義務の根拠として理解されることになるのです。

さらに、法律・契約に加え、いわば条理上当然だとして、次のような義務も認められます。それは、自分で法益侵害が生じる危険を生じさせた者には、その危険を除去する義務が認められるということです。このことは、たとえば風の強い日にたき火をして、そのままその場から立ち去ったため、たき火の火が近くの建物へ燃え移ったような場合を考えれば、たやすく理解できるでしょう。たき火の火を消す義務があるわけです。これは、他人の法益を侵害することが禁止されることから、その危険をもたらした者について、危険を除去する義務を導くものと考えることもできます。このようにして、不作為に先立つ自分の危険な行為（これを、先行行為と呼んでいます）も作為義務の根拠となると理解できるのです。

このようにして、法律・契約・先行行為を作為義務の根拠として、また、根拠をこれらに限ろうとする考えは、倫理的な考慮を排除して、不作為の処罰をできるだけしぼり込もうとするものです。ともすれば広がりがちな不作為処罰を限定するという観点からは、積極的な評価に値するものだといえます。しかし、法律・契約・先行行為によって、法的な作為義務が認められるとしても、それがなぜ刑法上の犯罪を基礎付ける作為義務となりうるのかは、実は依然としてはっきりしないままにとどまっています。

なぜなら、たとえば、民法上定められた親の義務に違反した場合には、親権の喪失（民法八三四条参照）など民法上定められた措置が執られることがあるとしても、ただちに犯罪として処罰されると考えることには疑問があるからです。とくに、法的義務を定める法律に、その違反に対する（普通は軽い）罰則が定められている場合、義務違反にはその罰則の適用で済まそうというのが立法者の考えであるとすらいえます。なぜ、その罰則を超えて刑法上の重い犯罪までが成立することになるのかは明らかではありません。契約上の義務にしても、それを怠れば契約上定められた措置が執られることはありますが、なぜ処罰に結び付くことになるのか不明でしょう。契約違反がただちに犯罪を意味するわけではないのです。さらに、先行行為による作為義務にしても、少し考えれば、疑問が生じてきます。たとえば、過って火を出してしまい、瞬く間に火災となれば、失火罪(刑法一一六条)の責任(五〇万円以下の罰金)を負うにすぎませんが、消火する時間はあったのに、居合わせた他の人ともども、気が動転しておろおろするうちに火災となったとすると、放火罪(刑法一〇八条)の極めて重い刑事責任(死刑または無期もしくは五年以上の懲役)を負うことになるのでしょうか。そのように考えることには疑問が生じるはずです。

確かに、不作為を処罰するためには、その前提として、法益侵害の結果が発生することを防ぐために積極的な行動を起こす義務が必要だと考えることができます。そして、そのような義務(作為義務)は単に倫理的なものでは足りず、法的な義務でなければならないと考えられますが、そのような法的義務を怠ること、法的義務の不作為が作為と同価値でなければならないのです。つまり、すでに触れましたが、法的義務を怠って法益侵害の結果を阻止・回避しないことが、積極的な作為によって法益侵害の結果を生じさせることと同じであると認められること

(同価値であること)が必要なのです。要するに、人を救う義務のある人が人の死を防がないことが、積極的な行動によって人を死亡させることと同価値であると認められるときに、「人を殺した」として殺人罪の規定（刑法一九九条）に当たることになるわけです。

そこで問題となるのは、では、一体どのような場合に、一体どんな条件がそなわった場合に、法的な作為義務が認められ、その違反（不作為）が作為と同価値だといえるのかということです。これは、長年多くの学者を悩ませてきた刑法の難問中の難問の一つで、現在も議論は続いています。

次に、いくつかの事例を取り上げて、この難問にこれまでどのような解決が与えられてきたのかについてみることにします。

放火罪の事例――不作為の放火①②

刑法一〇八条が定める現住建造物等放火罪は、「放火して、現に人が住居に使用し又は現に人がいる建造物」などを「焼損」（これは、すでに触れたように、建物が独立して燃焼を始めたときに認められます）したときに成立しますが、何らかの原因によって出火したときに、消火せずに建物を焼損させた事例について、不作為による放火罪が成立するかどうかが以前より問題とされてきました。この点については、注目される三つの判決がありますので、それをみてみることにしましょう。

一番目の事例は次のようなものです。被告人は自宅で養父と争った末に養父を殺害しました。死体の始末をどうしようかと考えているとき、養父が争いの間に投げた燃木尻の火が住宅の内庭に積んであった藁《わら》に引火して燃え上がったのですが、養父殺害という犯罪の痕跡を消すため消火せず、その結果住宅などが焼損したのです。この事案について、戦前の最上級審裁判所である大審院は次のような判断を示しました。すなわち、自分の故意行為に基づかない原因で建造物などに発火した場合、これを消し止める法律上の義務があり、容易に消し止めることができる地位にある者が、その火力を利用する意思で鎮火に必要な手段を執らないときは、この不作為も法律上の放火に当たる。そして、このような法律上の消火義務は、建造物などの占有者、所有者に認められるというのです(大審院一九一八(大正七)年一二月一八日判決)。

この判決では、①建造物の占有者・所有者として認められる法律上の消火義務、②消火の容易性、③火力を利用する意思という三つの条件を挙げて、それがすべて認められる場合に消火しないという不作為が放火に当たり、放火罪が成立するという判断が示されています。建造物の占有者・所有者に法律上の消火義務が認められるのは、その支配する閉鎖空間内で火が出た場合、初期消火はこれらの者に頼るしかないことによると考えられます。また、消火が容易なのに、火力を利用するためにあえてそれを放置したという場合に、積極的に火を付けたと同じく評価できると考えられているとみることができるでしょう。なお、本件では、養父殺害という自分が犯した罪の証拠を隠滅しようとする意思が、火力を利用する意思の具体的な内容となっているのです。

二番目は次のような事例です。被告人は神棚のロウソクに点火したのですが、そのロウソクがお札の方に傾いているのを知りながら、火災になれば保険金がもらえると考えて、危険防止措置を何も執らずに外出したところ、お札に火がついて家屋に延焼したのです。大審院は次のような判断を示して、不作為による放火罪の成立を肯定しました。すなわち、放火罪は故意に積極手段によって行われるのが普通であるが、自分の故意でない原因によって出た火のため自分の家屋が燃焼する危険がある場合、危険の発生を防止することが可能なのに、その危険を利用する意思で消火に必要な措置を執らず家屋に延焼させたときも法律上の放火に当たるというのです（大審院一九三八年三月一一日判決）。

この判決では、①危険防止の可能性と、②危険を利用する意思が、危険防止措置を執らない不作為を放火として評価するための条件とされています。本件では被告人の自宅内での危険防止が問題となっていますので、建造物の占有者・所有者であることから法律上の消火義務を導いた第一事例の大審院判決でも消火義務が認められるでしょう。また、危険防止措置も、ロウソクの火を消す、あるいは、ロウソクをまっすぐにするといった極めて簡単なものですから、危険防止の可能性を問題とする本判決と消火の容易性を問題とした第一事例の大審院判決とで違った理解が採られているということはできません。この意味で、本判決の基本的な理解は、第一事例の大審院判決と同じだといえるでしょう。なお、危険を利用する意思の本件における具体的内容は、火災保険金を得る意思でした。

放火罪の事例——不作為の放火③

三番目は最高裁判所になってからの事例で、次のようなものです。一人事務室で残業していた被告人は、机の下、書類を詰めたボール箱の近くに、大量の炭火がよくおこっている火鉢を置いているのに、引火を防ぐ措置を執らないで、別室で仮眠していた。その間に、火鉢の炭火が過熱して書類に引火し、机に火が燃え移ったが、それを発見した被告人は、自分で消火に当たり、宿直員三名を呼び起こしてその協力を得たなら、容易に消火できたのに、自分の失策が発覚することをおそれてそのまま立ち去ったため、営業所の建物などが焼損したというものです。最高裁は、次のように不作為による放火罪の成立を肯定しました。すなわち、自分の過失行為でボール箱・机を燃焼させた者（また、残業職員）として消火義務がある被告人が、これらの物が燃えているのを現場で目撃し、建物が焼損することを認容しながらあえて必要で容易な消火措置を執らないことは、不作為による放火に当たる（最高裁判所一九五八年九月九日判決）。

この判決では、①火鉢の扱いが不適切であったという自分の過失行為（先行行為）によって火を出したこと、また②残業職員として勤務していたことにより消火義務が基礎付けられています。そして、そのように義務付けられ、しかも容易であった消火を怠ったことを理由として、不作為による放火罪の成立が認められているのです。二番目の事例で、ロウソクの立て方に落ち度があったというのであれば、引火の危険のある先行行為が存在した点で、本件と二番目の事例との間には類似点があるといえるでしょう。そして、残業職員として書類などに引火したことを発見した場合に消火義務が生じるとするのは、自宅でロウソクが傾いていることに気付いた者に危険を防止する義務が生じるとすることと似ているともいえるでしょう。この意味では、本判決は、戦前の大審院の二判決の延長線上にあると考えることができます。

これに対して、本判決で注目されるのは、大審院において要求されていた火力・危険を利用する意思に言及がないことです。建物が焼損することを認容していたことへの言及はあるのですが、これは放火罪の成立に必要な故意（後で触れます）の内容にほかならず、それ以上のものではありません。この意味で、本判決は、戦前の大審院判決が要求していた「利用意思」という主観的な要件を不要とした点において、注目されるのです。

本判決に対しては、主観的要件を不要とすることで、不作為の放火罪の成立範囲を広げたという理解があるのですが、そもそも「利用意思」を要求する根拠が明らかでなかったということを指摘することができるでしょう。第一の事例で自分の犯罪の証拠を隠滅する意思がなぜ必要なのか（ちなみに、自分が犯した罪の証拠を隠滅する行為は処罰の対象とはされていません）、第二の事例で火災保険金を取得する意思がなぜ必要なのか（火災保険金を取得する行為が場合によっては保険金詐欺などの違法行為となるとしても、そのときは、詐欺罪などで処罰すれば足りるのではないでしょうか）が明らかではないのです。この意味で最高裁判所の判断は理解できます。不作為による放火罪の処罰範囲を限定することは、根拠がはっきりしない主観的要件によってではなく、法的な作為義務、その不作為の作為との同価値性の判断を、客観的な事情を検討することによってなされるべきではないかと思うのです。

殺人罪の事例——不作為の殺人

次に、不作為による殺人罪の成立を認めた興味深い事例についてみることにします。本件についての最高裁判所の判断を理解するためには、事実関係が重要なので、やや詳しく事実を紹介することにします。

被告人は、手の平で患者の患部をたたいてエネルギーを患者に通すことによって自己治癒力を高めるという「シャクティパット」と称する独自の治療(以下「シャクティ治療」)を施す特別の能力をもつとして信奉者を集めていました。Aは、被告人の信奉者でしたが、脳内出血で倒れて兵庫県内の病院に入院し、意識障害のため、痰《たん》の除去や水分の点滴などを必要とする状態にありました。生命に危険はないものの、数週間の治療を必要とし、回復後も後遺症が見込まれていたのでした。Aの息子のBは、やはり被告人の信奉者でしたが、後遺症を残さずに回復できることを期待して、Aに対するシャクティ治療を被告人に依頼します。被告人は、脳内出血などの重篤な患者にシャクティ治療を施したことはなかったのですが、Bの依頼を受けて、滞在中の千葉県内のホテルで治療を行うとして、Aを退院させることはしばらく無理だとする主治医の警告や、その許可を得てからAを被告人の下に運ぼうとするBら家族の意図を知りながら、「点滴治療は危険である。今日、明日が山場である。明日中にAを連れてくるように」などとBらに指示しました。そして、なお点滴などの医療措置が必要な状態にあるAを入院中の病院から運び出させ、その生命に具体的な危険を生じさせました。被告人は、ホテルに運び込まれたAに対するシャクティ治療をBらから委ねられ、Aの容態を見て、そのままでは死亡する危険があることを認識したのですが、自分の指示の誤りが露呈することを避ける必要などから、シャクティ治療をAに施すにとどまり、未必的な殺意(殺意がある場合です)をもって、痰の除去や水分の点滴などAの生命維持のために必要な医療措置を受けさせないままAを約一日の間放置し、痰による気道閉塞に基づく窒息でAを死亡させたのです。

最高裁判所は、次のように不作為による殺人罪の成立を認めました。すなわち、被告人は、自己の責めに帰すべき事由で患者の生命に具体的な危険を生じさせた上、患者が運び込まれたホテルにおいて、被告人を信奉する患者の親族から、重篤な患者に対する手当てを全面的に委ねられた立場にあった。その際、被告人は、患者の重篤な状態を認識し、これを自らが救命できるとする根拠はなかったのだから、ただちに患者の生命を維持するために必要な医療措置を受けさせる義務を負っていた。それにもかかわらず、未必的な殺意をもって、医療措置を受けさせないまま放置して患者を死亡させた被告人には、不作為による殺人罪が成立する(最高裁判所二〇〇五年七月四日決定)。

本決定では、被告人自身が関与した危険な先行行為(患者を退院させて、その生命に具体的な危険を生じさせたこと)と、患者に対する手当てが全面的に委ねられていたことの二つが、生命維持に必要な医療措置を受けさせないという不作為を不作為による殺人とする根拠とされているといえます。放火罪では、家屋の占有者・所有者であることによる領域支配に法的な消火義務の重要な根拠が求められていましたが、領域支配の反面として、消火措置・危険防止措置が被告人に委ねられていたと理解することもできるでしょう。この意味で、本決定も、法益侵害の阻止が被告人に委ねられた状況があったことを不作為の殺人を認める重要な根拠とする点で、放火罪に関する判例の考え方に連なるものがあるとみることもできるように思われます。しかも、本件では、患者に対して具体的な危険を生じさせたことについて、被告人に責任があるという事情も認められ、放火罪の第三事例との共通点をそこにみいだすこともできるでしょう。

保障人的地位とは

不作為処罰のためには法的な作為義務が前提となり、そうした作為義務の違反が作為による結果の惹起と同価値である場合に、普通は作為を処罰の対象とする規定で不作為を処罰することができるようになるということはすでに述べました(このように不作為が処罰される場合を不真正不作為犯と呼ぶことについてもすでに触れました)。このような条件がみたされる犯人の地位を、学説は(法益の安全を保障するという意味で)保障人的地位(結果阻止を保証するという意味で、保証人的地位とも書きます)と呼んでいます。問題は、保障人的地位が認められる条件、その要件は何かということです。この点については、これまでにさまざまな理解が示されてきました。以下では、この「難問中の難問」について、少し考えてみることにします。

不真正不作為犯の成立を認めるためには、法益侵害の結果を阻止・回避しないことが、作為で法益侵害の結果を生じさせたことと同じだとみうることが必要です。結果を阻止・回避する法的作為義務があり、その違反が作為による結果惹起と同価値であることを事実の側面からみれば、このような理解となるでしょう。したがって、この問題を解決するためには、まず、作為による結果惹起に認められるいわば本質的な特徴を明らかにして、次に、それが不作為に認められるための条件を明らかにすることが必要です。

法益侵害が生じたとき、そこには何らかの原因が存在します。たとえば、人が死亡した場合に、それが拳銃から発射された銃弾が心臓に命中したことによるのであれば、死の原因は銃弾によって心臓に生じた傷害となりますし、さらに、その原因は拳銃の発射となります。この場合、犯人は、拳銃発射という被害者の死をもたらした原因(作為)を作り出し、それを支配することによって、被害者の死という結果を生じさせたと判断されることになるのです。この意味で、作為で法益侵害結果を生じさせた場合に重要なのは、法益侵害結果をもたらした原因を犯人が支配していたことです。つまり、犯人が結果の原因を支配することによって、結果惹起という出来事を支配しているということができるわけです。

このように考えると、結果を阻止・回避しなかった場合に、それが作為で結果を惹起した場合と同じだとみることができるためには、不作為であっても、犯人に結果の原因の支配が認められることが必要となります。つまり、結果原因の支配があることによって、不作為を作為による結果惹起と同じものと考えることができることになるのです。次に、こうした視点をさらに具体化して、それによって保障人的地位の要件を明らかにすることを試みることにします。

法益侵害という出来事の流れは、法益侵害の危険が生み出される（創出）→その危険が高まる（増大）→その危険が結果へとついに結実する（現実化）、このようなものとして理解することができるでしょう。ある事情が結果の原因だということは、結果をもたらす危険がそこに含まれていることを意味するのです。このような理解を前提にして、法益侵害結果の阻止・回避を怠るという不作為についてみると、不作為によって危険が創出・増大することが必要であると考えられることになりますが、そのような危険の創出・増大が認められる場合としては、不作為のため、①危険の潜在的な源から危険が創出・増大する場合(たとえば、点火したロウソクが倒れそうになっているのに、そのまま放置した場合)と、②侵されやすい法益の弱さ(脆弱性)のために、侵害の危険が増大する場合(たとえば、自分が養育している乳児が病気になったのに、そのまま放置して悪化させる場合)とを考えることができるでしょう。このことは、法益が侵害されるかどうかは、法益に向けられた危険の程度とそれに対する法益側の防御の程度によって左右されることによります。すでに述べた結果の原因を支配するということは、これらの結果へと向かう危険の原因を支配することを意味するのです。

結局、このような理解からは、結果の原因を支配するとは、①危険源を支配すること、②法益の脆弱性を支配することにほかならないことになります。このようなことが認められる場合に、不作為によって危険を創出・増大させ、それが結果の発生へと現実化したことを、作為による結果の惹起と同視できることになるのです。そうだとすると、その不作為が処罰されうる保障人的地位の要件は、①危険源の支配、②法益の脆弱性の支配に求められることになるわけです。

①の危険源の支配に基づく保障人的地位は、危険物を管理している場合や自動車など危険な装置の運転・操作に携わっている場合、危険な作業に従事している場合などで認められます。

これらの場合、必要な危険防止措置を怠り、危険を創出・増大させたときは、積極的な作為によって危険を創出・増大したときと同じであると考えることができるのです。また、②の法益の脆弱性の支配に基づく保障人的地位は、親が嬰児を養育する場合など、保護の引受けが認められる場合が典型例であるといえるでしょう。このような場合に、必要な結果回避措置を怠り、結果を生じさせたときは、作為によって結果をもたらしたときと同視できるのです。

5　犯人の意思――故意・過失

故意とは

犯罪が成立するためには、犯人は、自分の行為によって犯罪となる事実が生じることを知っていなければならないのが原則です。このように、犯罪となる事実が生じることを認識し、予見している心理状態を故意といいます。このような故意がなければ犯罪とはならない、故意のない行為は処罰しないのが、日本の刑法の大原則です。刑法三八条一項は「罪を犯す意思がない行為は、罰しない」としてこのことを定めているのです。もっとも、後で触れますが、これには過失犯処罰という重要な例外があります。

故意の意味・内容について、もう少し詳しくみることにします。拳銃を発射して人を射殺するという殺人の事例についてみると、拳銃の引き金を引くことによって被害者が死亡するであろうということを犯人がわかっていることが、殺人の故意を認めるためには必要です。つまり、殺人罪(刑法一九九条)として処罰の対象となる事実は、犯人の行為(作為・不作為)によって法益侵害の結果である被害者の死を生じさせることで、殺人の故意があるというためには、このことをすべて犯人はわかっていなければいけません。このことを刑法学の用語でいうと、故意があるというためには、法律上処罰の対象とされている犯罪の類型(これを犯罪構成要件、または、単に構成要件といいます)に当てはまる事実(これを、構成要件に当たる事実という意味で、硬い表現ですが、構成要件該当事実といいます)はすべて認識・予見されていなければならないのです。

犯罪類型に当てはまる事実(構成要件該当事実)が一つでも認識・予見されていなかったとすると、その犯罪について故意はないことになります。たとえば、罪を犯した者を匿《かくま》うと犯人蔵《ぞう》匿《とく》罪(刑法一〇三条)という犯罪になりますが、処罰されるのは「罰金以上の刑に当たる罪を犯した者」を匿った場合に限られています。したがって、罪を犯した者を匿うことを知っていたとしても、その犯人が犯した罪は軽犯罪法違反(規定されている刑は、罰金より軽い拘留・科料に限られています）にすぎないと思っていれば、犯人が実際に犯した罪が罰金刑以上の適用がある重い罪であったとしても、犯人蔵匿の故意はなく、したがって、処罰されることはないのです。

故意の限界はどこか――未必の故意

故意は行為の時点で認められることが必要ですが、犯人の行為によって犯罪となる事実（構成要件該当事実）が生じるかどうかということは、行為の時点からみると将来のことですから、不確実な場合が多いものです。したがって、犯罪となる事実（構成要件該当事実）が生じるかどうかという点についての犯人の予見は、不確実であることも多く、さまざまです。

たとえば、拳銃を人に向けて発射する事例についてみても、①相手の胸に拳銃を直接当てて引き金を引く場合のように、確実に相手は死亡するであろうと思っている場合（結果発生を確実なものとして予見しています）、②近距離から拳銃を発射する場合のように、たぶん銃弾は命中して相手は死亡するであろうと思っている場合（結果発生の高い蓋然性を認識し、結果発生を高度にありうるものとして予見しています）、③ある程度離れた場所から拳銃を発射する場合のように、銃弾はたぶん当たって相手は死亡するだろうが、命中しない可能性もかなりあると思っている場合(結果発生のある程度の可能性を認識し、結果発生をある程度の可能性をもってありうるものとして予見しています)、④ある程度離れた場所からやみくもに拳銃を発射する場合のように、銃弾は当たるかもしれないし、当たらないかもしれないと思っている場合(結果発生がありうるか、はっきりと予見していません)、⑤かなりの遠距離から相手の頭のはるか上をめがけて拳銃を発射する場合のように、銃弾は相手に当たらないであろうと思っている場合(結果発生をありうるものとして予見していません)など、行為の時点での犯人の心理状態はさまざまです。つまり結果発生の予見の程度にはかなりの幅がありうるのです。

⑤の場合には結果発生の予見がないため、殺人の故意は認められない(あるとすれば、過失にすぎない)と思われますが、一体どんな心理状態までを故意と考えてよいかが問題となるのです。これが、結果発生の予見という側面での故意の限界の問題です。①や②の場合に故意があることは当然でしょうが、③の場合ではどうか、④の場合にはどうか、ということが、問題となるわけです。

従来から、結果をはっきりと予見しているわけではないが、故意が認められる場合を未必の故意(「みひつのこい」と読みます)と呼んできました。結果のはっきりした予見がないのに、どのような場合であれば故意を認めてよいかが問題となるのです。このことは、人の死といった、行為の時点からみて将来生じる事実の予見について問題となるばかりではなく、行為の時点ですでにある事実についても、それが犯罪の成立に必要なある性質・属性をそなえているかという点の認識に関して問題となります。たとえば、他人が盗んだ物を買い取ると盗品有償譲受け罪（刑法二五六条二項）で処罰されますが、故意の内容として、買い取る物が盗品であると知っていることが必要です。買い取ろうとする物が盗品であることが明らかな場合もありますが、それが盗品かどうかはっきりしない場合もあります。売値が安すぎて疑わしいとか、売主が胡散臭い風体をしているなど、盗品であることを疑わせる状況はあるが、はっきりと断定できないといったことが考えられるわけです。このような場合、一体どんなときに故意を認めることができるのかは、かなり難しい問題です。

これまでよくいわれてきたのは、ある犯罪事実が存在するかもしれない（人が死亡するかもしれない、買い取ろうとしている物が盗品かもしれない）と思いながら、それでもよい、それでもしかたないと考えている場合に未必の故意を認めることができるということです。つまり、ある犯罪事実があることを「ありうる」として認識・予見しながら、それを容認・認容した場合（そうであってほしいという積極的な認容でも、しかたがないという消極的な認容でもよいと考えられてきました）に、故意（未必の故意）があるとするのです。

このような基準がどこまで批判に耐えうるのかは問題となります。たとえば、胸に拳銃を突きつけながら、「死なないでほしい」と思いながらその引き金を引く場合のように、結果が生じる可能性についての予見の程度が高度ならば、どんなに結果の発生を嫌っていたとしても故意を認めないわけにはいかないでしょう。ここではこの問題に深入りはしませんが、容認・認容があるとき故意を認める右の見解のように考えて多くの場合に実際上不都合はないともいえます。そうだとしても、その考えを実際に適用すること自体、かなり難しいことがあるでしょう。

錯誤——認識と事実の食い違い

犯人に犯罪となる事実(構成要件該当事実)の認識・予見があり、故意が認められるとしても、その具体的な内容が実際に生じた犯罪事実と異なっていることはよくあることです。たとえば、心臓を狙って拳銃を発射し、相手を即死させようとしたところ、銃弾がそれて腹部に命中し、長い時間かけて苦しみながら被害者が死んだといった場合には、犯人が認識・予見していた犯罪事実の内容(心臓に銃弾が命中して被害者が即死する)と実際に生じた犯罪事実の内容(銃弾が腹部に命中して長い時間かけて被害者が死亡する)とは違っています。実際に生じた犯罪事実が犯人が認識・予見したものと違っている、このような場合でも、犯人が生じさせた犯罪事実について、犯人に故意、故意犯(故意を必要とする犯罪)を認めることができるのでしょうか。このように、犯人の認識の内容と実際の犯罪事実の内容とに食い違いがある場合を「事実の錯誤」と呼んでいます。事実の錯誤があっても、それでも実際に生じた犯罪事実について故意犯の成立を認めることができるかが問われることになるのです。

犯人が実際に生じさせた犯罪事実と犯人の認識内容とを比べて、両方が完全に一致すれば、その犯罪事実について故意があり故意犯が成立するのは当然です。ところが、このような場合はむしろ例外で、多くの場合には、両方の間に何らかの食い違いがあることの方が多いものです。したがって、事実の錯誤があっても故意犯の成立を認めることができるかは、実際上極めて重要な問題となるのです。

銃弾を心臓に命中させようとしたところ腹部に命中して被害者が死んだという事例で、殺人罪の成立を否定するのは常識的に考えて不都合でしょう。このような場合に故意犯の成立を否定すると、ナイフで人に傷を負わせようとしたところ、切り付ける位置が一センチずれただけで傷害(刑法二〇四条)の故意がないということになりかねません。それでは故意犯はほとんどないということになりかねません。そうしたこともあり、現在の一般的な見解は、犯人が認識・予見した事実と実際に生じた事実とが違っていても、その違いが同じ犯罪類型の範囲内の具体的な事実のあり方にすぎないのであれば、故意犯を認めることができると考えています。このような考えを、法律上定められた犯罪類型の範囲、その限度内で、犯人の認識した事実と実際に発生した事実とが重なり合えば（「符合《ふごう》」すればというい方をします）、その間に違いがあっても故意犯を認めてよいという意味で、（法定の犯罪類型の範囲内で符合するという意味で）法定的符合説、あるいは（構成要件の範囲内で符合するという意味で）構成要件的符合説と呼んでいます。

殺人罪を例にとると、被害者の性別・年齢の違いはもちろん、死に方の違い、さらには被害者の人違い（Aだと思って殺したら、Bだった）の場合でも、故意が認められることになります。つまり、「人を殺す」という犯罪類型の抽象的なレベルで犯人の認識した事実と実際の事実とが合致すれば殺人の故意はあることになり、被害者の属性の違いなどは正確に認識されている必要はないことになるのです。Aの死であろうが、Bの死であろうが、人の死であることに違いはないと考えるわけです。

最高裁判所は、このような考え方をさらに徹底して、Aを殺そうと思って銃を発射したところ、Aではなく、その近くにいたBに銃弾が当たってBが死亡したという場合でも、Bに対する殺人罪が成立するとしています。このような判断を示した事例をここで紹介します。

被告人は、警ら中の警察官Aから拳銃を奪い取ろうと、Aへの殺意をもって、改造した建設用びょう打銃を発射し、発射されたびょうはAの胸を貫通して傷を負わせました(Aは死亡しませんでした)。Aの胸を貫通したびょうは、さらに、Aの約三〇メートル前方の歩道を歩いていたBの背中に命中し、Bにも腹部を貫通する傷を負わせたのです(本件は、拳銃に対する強盗の事案ですが、説明の便宜上この点は省略します)。

この事実について、最高裁判所は、Aに対する殺人未遂罪(Aは死亡していないため、殺そうとして遂げなかった同罪となります)とBに対する殺人未遂罪の両方の成立を認めました。すなわち、犯罪の故意があるというためには、罪となる事実の認識を必要とするが、犯人が認識した事実と現実に発生した事実とが具体的に一致することまでは必要とせず、両者が法定の範囲内で一致すれば足りる。したがって、「人を殺す意思のもとに殺害行為に出た以上、犯人の認識しなかった人に対してその結果が発生した場合にも、右結果について殺人の故意があるものというべきである」というのです(最高裁判所一九七八年七月二八日判決)。

なお、学説では、このような「打撃の錯誤」の場合（学説では、「方法の錯誤」という、誤解しやすい用語の方が一般に用いられています）には、犯人が認識していなかった被害者に対する故意は認められないとする見解も有力に主張されています。この見解によれば、びょう打銃事件では、殺人未遂罪は警察官Aに対してしか成立しません（通行人のBに対しては、過失傷害罪が成立することになります）。それは、犯罪の成否は被害者ごとに判断されるべきで、狙った被害者が「Aだと思ったらBだった」という人違いの事例とは異なって、びょう打銃事件のような場合には、Aに対する犯罪、Bに対する犯罪を区別しなければならず、したがって、Aに対する故意とBに対する故意とは別のものとして扱わなければならない。Aに対する故意をBに「流用する」ことは認められないとするのです。これは、A殺しとB殺しを人殺しという点で同じに考えることはできない、被害者の違いは無視できないと考えるからなのです。

法的な禁止に反するという意識

故意を認めるためには、犯罪となる事実（構成要件該当事実）の認識が必要ですが、法的に禁止された行為を行うという意識までは必要ないというのが一般的な理解です。現に、刑法三八条三項は、「法律を知らなかったとしても、そのことによって、罪を犯す意思がなかったとすることはできない」としています（「罪を犯す意思」とは故意のことです）。つまり、自分の行った事実を知っていれば、それが犯罪になるとは思わなかったとしても、故意は否定されないのです。

自分の行為が犯罪となること、法的な禁止に反している（違法である）ことを知らなかった場合に故意を否定するのでは、国民としては、法を知らない方が処罰されることもなくてよいことになりかねません。したがって、自分の行為が違法だという意識が故意犯の成立に必要ないとするのは理由のあることです。この意味で、国民は法を知る義務があるといえるのです。もちろん、その反面として、国は国民に法を知らせる責務を負います。

しかし、法を知らず、自分の行為が違法であるのを知らなかった場合、知らなかった事情次第では、強く非難できないことがあるでしょう。自分の行為が犯罪となることを知らなかったことについてもっともな理由、相当な理由がある場合がそれに当たります。そこで、刑法も、三八条三項で「法律を知らなかったとしても、そのことによって、罪を犯す意思がなかったとすることはできない」と定めながら、その但書では、「情状により、その刑を減軽することができる」としているのです。学説では、この規定の延長線上に刑の減軽だけでなく、犯罪の成立を否定することもできるという理解が一般化しています。

このように、自分の行為が違法であることを知らなかった、つまり違法性の意識がなかった場合であって、知らなかったことに相当な理由があるため、非難できないと考えられるケースとしては、行為当時の最高裁判例によると違法でない行為を行った場合が挙げられます。行為後に最高裁判例が変更されて、その行為が違法で、処罰の対象とされることになった場合に問題が生じることになるのです。最高裁の新しい判例に従えば、その行為は違法でありながら処罰されることになるのですが、行為当時の最高裁判例に従えば、その行為は違法ではなかったのです。第二章で述べたように、そのような場合には、被告人に不利益に変更された法解釈(判例)を遡って被告人に適用することを否定する見解がありましたが、そのような考えによれば、被告人は処罰されず、問題は生じません。しかし、最高裁判所はそうした見解を採用していないこともすでに述べました(最高裁判所一九九六年一一月一八日判決)。この場合には、違法でないと思ってその行為を行ったことについて非難できないとして、法的な責任を否定することが考えられます。また、そのように考えることが必要となるでしょう。そうでなければ、最高裁判例を信頼できなくなり、困ったことになってしまいます。もっとも、最高裁判例が早晩変更されることが具体的に見込まれるような状況があれば、話は別ですが。

過失とは

犯罪の成立には故意を必要とするのが刑法の大原則であることはすでに述べましたが、刑法三八条一項但書が定めるように、「法律に特別の規定がある場合」にはその例外が認められます。これは、犯罪事実を認識・予見しなかったのですが、それが不注意によるためで、注意すれば認識・予見できたという場合、つまり過失でも犯罪の成立を認める規定があるときのことです。たとえば、「過失により人を死亡させた者」を処罰する過失致死罪（刑法二一〇条）の規定、「失火により」建造物を焼損した者を処罰する失火罪（刑法一一六条）の規定などが挙げられます。このような例外的な規定を除いて、犯罪の成立には故意が必要となるというのが刑法三八条一項の「罪を犯す意思がない行為は、罰しない」ということの意味なのです。

過失は、犯罪事実の認識・予見、つまり故意がない場合ですが、それが不注意によるためで、注意すれば犯罪事実を認識・予見できた状態をいいます。注意すれば犯罪事実を認識・予見できるので、犯罪事実を避けることができることになり、処罰の対象となるのです。このような過失がある場合に成立する過失犯は例外的な存在です。故意による場合と同じ結果が生じたとしても、軽く処罰することしかできません。これは、犯罪事実を知りながら生じさせた場合である故意と比べて、過失の責任は軽いと評価されているからです。過失では、犯人の意思は犯罪事実を生じさせることに直接向けられていないことがその理由です。故意犯の場合には犯人に「法に敵対する態度」が窺われますが、過失犯の場合には「不注意な態度」が認められるにすぎないということもできるでしょう。

殺人を例に取ると、故意犯である殺人罪（刑法一九九条）の刑は、上限が死刑、下限が懲役五年ですが、過失犯である過失致死罪（刑法二一〇条）の刑は五〇万円以下の罰金、過失の程度が重い業務上過失致死傷罪（刑法二一一条一項）で最高刑は懲役五年、自動車運転過失致死傷罪（刑法二一一条二項本文）でも最高刑は懲役七年とかなりの差があります。日本の刑法には、伝統的に人身に対する罪の刑が比較的軽く、財産に対する罪の刑が比較的重いという特色があり、過失で人の生命を奪った罪の刑が軽すぎるとして、このことを批判する意見が主張されています。このような刑の重さの違いについてはもちろん再考の余地がありますが、そうだとしても、過失犯の刑は故意犯に比べると軽いものにならざるをえないのです。これは、犯罪の重さは、単に客観的な法益侵害の程度だけで決まるのではなく、犯人の主観面を考慮した責任の重さの程度でそれが限定されることによります。このこと自体は全く正当なことなのです。

過失犯が軽く扱われることは、どのような法益侵害について過失が処罰の対象となるかということにも現れています。つまり、過失を処罰の対象とするのは、生命や身体を侵害する場合、公共・公衆に危険をもたらす場合など、重大な結果が生じる場合に限られているのです。人の財産を害する罪などについては、過失犯は処罰されていません。ここにも、過失犯処罰が例外であることが現れているといえるでしょう。

6　犯罪のかたち——未遂と共犯

失敗した未完成な犯罪の処罰——未遂

たとえば、人を殺そうとしたが被害者が死ななかったとき、つまり、罪を犯そうとして失敗したときでも、なお犯罪として処罰される場合があります。それは、「犯罪の実行に着手してこれを遂げなかった」場合で、これを未遂犯といいます（刑法四三条本文）。「未だ遂げざる犯罪」というわけです。これに対して、たとえば、人を殺そうとして、実際に殺したときのように、犯罪を完全に実現した場合を、「既に遂げた犯罪」という意味で既遂《きすい》犯といいます。

殺人に成功した場合にだけ処罰され、失敗すれば処罰されないというのでは、相手を殺すまで何回でもやり直しがきくことになりかねませんから、かけがえのない生命の保護として十分ではありません。したがって、保護を広げ、より厚くするために、法益侵害に失敗した未遂犯も処罰の対象とすることがあるのです。未遂はそれを罰する規定があるときにだけ処罰されますが(刑法四四条参照)、生命など重要な法益を侵害する犯罪の多くは未遂犯も処罰しますから、多くの場合には、法益侵害の結果が生じなくても、犯罪として処罰されることになるのです。

では、罪を犯そうと何か行為をすれば、どんな場合でも未遂犯となるのでしょうか。たとえば、他人の家に空き巣に入ろうとして、その準備をすれば、窃盗(刑法二三五条)の未遂犯(二四三条)が成立して、すぐ処罰されるのでしょうか。人を殺そうとして、ナイフを手に自分の家を出れば、殺人(刑法一九九条)の未遂犯(二〇三条)となるのでしょうか。過去の学説には、これらの事例のように、罪を犯そうとする犯人の意思が外部にはっきりと表れたときには、未遂犯の成立を認めることができるという見解もありましたが、現在、そのような見解は未遂犯の成立をあまりに早く認めすぎるため、支持されていません。刑法四三条の条文は「犯罪の実行に着手した」ことを未遂犯の成立に要求するにすぎませんが、現在の一般的な理解は、この「実行の着手」を客観的な事情に基づいて判断しようとしています。たとえば、他人の家に空き巣に入る場合、家の中に入っただけでは窃盗の未遂になりませんが、金目の物はないかとタンスの中を物色し(最高裁判所一九四八年四月一七日判決)、そのためにタンスに近づいたとき(大審院一九三四年一〇月一九日判決)、窃盗の「実行の着手」があるとされています。

このような「実行の着手」の前の段階は、犯罪を実行するための予備にすぎず、殺人罪、強盗罪など重大犯罪についてごく例外的に処罰されるにすぎません(刑法二〇一条・二三七条など参照)。この意味で、犯罪として処罰されるのは、普通、犯罪の「実行に着手」して未遂犯が成立する段階になってからということができるのです。

何人かで罪を犯すとき──共犯

犯罪は一人で実行されることも多いですが、二人以上で実行されることも少なくありません。たとえば、AとBとが一緒に拳銃でCを射殺した場合には、殺人罪(刑法一九九条)はAとBが共同して犯したといえます。あるいは、DがEをそそのかして、Fに傷を負わせた場合、Eが犯した傷害罪(刑法二〇四条)に、Dはそれをそそのかすという形で関わっているのです。さらには、GがHを毒殺したとき、Gに依頼されて毒薬を調合したIは、Gによる殺人罪(刑法一九九条)の実行を助けています。このように犯罪の実行に二人以上の者が関係している場合(これを共犯現象といいます)、それらの人をどのように扱うのかが問題となってきます。

右の事例で、Aの発射した銃弾が命中してCは死んだのですが、Bの発射した銃弾は外れたという場合、Aを殺人罪で処罰できることは当然ですが、Bは殺人に失敗したので殺人未遂罪になるのでしょうか。この例で、Cが仮に飼い犬だとしますと、Aには器物損壊罪（刑法二六一条）が成立しますが、その未遂は処罰されませんので、Bは処罰できないことになるのでしょうか。どちらの場合でも、結果を確実にもたらすため一緒に共同で行ったのに、AとBとで刑事責任が異なってよいのか問題となると思います。さらに、傷害をそそのかしたD、殺人を援助したIは、それぞれ自分では傷を負わせていませんし、殺してもいませんから、傷害罪、殺人罪を犯してはいません。だとすると、これらの者は処罰できないのでしょうか。これらの者の働きで、犯行は促されているのに、放置するしかないのでしょうか。

刑法は、これらの場合には、犯罪類型を広げ、処罰範囲を広げることによって対処しています。それが、刑法六〇条以下にある共犯の規定です。つまり、殺人罪や傷害罪などの犯罪の成立要件を完全にはみたさないけれども、これらの犯罪を促す行為なので、犯罪防止のため、処罰の対象となる行為を広げることにしているのです。これを刑法は三つの形で認めています。

最初が、「二人以上共同して犯罪を実行した」場合で、これを共同正犯《せいはん》といいます（刑法六〇条）。単独で犯罪を実行した者と同じ評価が与えられることになっています。先の例で、AとBはともに、殺人罪の共同正犯として処罰されます。Aには殺人罪が、Bには殺人未遂罪が成立するというわけではないのです。

二番目が、「人を教唆《きょうさ》して犯罪を実行させた」場合で、教唆といいます(刑法六一条)。他人をそそのかして犯罪を実行させることで、科される刑は単独で犯罪を実行した場合と同じです。先の例では、Dは傷害教唆罪で処罰されます。

三番目は、犯罪の実行を「幇助《ほうじょ》した」場合であって、幇助といいます(刑法六二条)。他人が犯罪を実行するとき、それを助けることがその内容で、科される刑は単独で犯罪を実行した場合の刑を軽くしたものとなります(六三条)。先の例では、Iは殺人幇助罪で処罰されることになるのです。

次に、このような共犯の類型について、もう少しその内容を明らかにすることにします。

共同正犯

二人以上の者が共同して犯罪を実行する共同正犯には、①共同者が結果をもたらす行為(これを実行行為といいます)を各自それぞれ行う場合と、②共同者が実行行為を分担する場合がありえます。

①の例としては、すでに触れましたが、AとBとが、一緒に共同してCを殺そうと、それぞれ拳銃を発射して、そのためCが死んだ場合を挙げることができます。この場合には、各自が

それぞれ単独でも結果をもたらす実行行為を行い、そのため、Cの死という結果発生の可能性が一段と高まっているのです(これを、重畳《ちょうじょう》型の共同正犯と呼ぶことができるでしょう)。また、②の例としては、DとEが強盗を共謀して、Dは被害者Fに暴行を加え、EはFが所持していた現金を奪って逃走するような場合を挙げることができるでしょう。この場合には、DとEとが、暴行と物の奪取という強盗行為を分担して行っているのです(これを、分担型の共同正犯と呼ぶことができます)。これらは、いずれも、単独での犯行よりもさらに危険ですから、単独で犯行を行った場合より重く処罰することすら考えられるでしょう。

重畳型にせよ、分担型にせよ、これらの共同正犯では、共同者は結果をもたらす実行行為の全部または一部を自分で行っています。このようなことが共同正犯であるために必須の条件となるとの学説もありますが、日本の裁判実務はそのような態度を採ってはきませんでした。たとえば、Aが空き巣のため他人の家に侵入している間、外で見張りをしていた者についても、裁判所は、窃盗罪(刑法二三五条)の共同正犯となりうることを認めてきたのです(大審院一八九五(明治二八)年一二月一九日判決、最高裁判所一九四八年三月一六日判決など)。これは、実行行為を分担しているかどうかという形式的な基準によってではなく、犯行にどのような寄与を果たしたかなどといった、より実質的な基準で共同正犯の成否を判断しようとするものと考えることができます。

共謀共同正犯

日本の裁判実務は、犯行現場で見張りをする者を共同正犯とするばかりでなく、犯罪のための共同謀議に加わっただけの者でも共同正犯となることを認めてきました。このような共同謀議型ともいうべき共同正犯を共謀共同正犯と呼んでいます(これに対して、実行を分担するタイプの共同正犯を実行共同正犯と呼びます)。

戦前の大審院は、初めは、共謀共同正犯を詐欺罪や恐喝罪などのいわゆる知能犯に限って認めていましたが、後には、殺人罪や放火罪、さらには窃盗罪や強盗罪などのいわゆる実力犯についても認めるようになってきました。共謀に加わっただけの者でも共同正犯とすることができる理由を、大審院は次のようなところに求めていました。すなわち、共同正犯の本質は、二人以上の者が一心同体のようになって、お互いに助け合い、各自の犯罪的な意思を共同して実現しようとするところにあり、このような関係が認められる以上は、共に手を下して犯意を実現しようが、共に謀議をしてその内一部の者が実行にあたろうが、違いはないというのです(大審院一九三六年五月二八日連合部判決)。

共謀共同正犯の考え方は、戦後の最高裁判所にも引き継がれてきました。最高裁によると、共謀共同正犯は、二人以上の者が、特定の犯罪を行うため、共同意思の下に一体となって互いに他人の行為を利用し、各自の意思を実行に移すことを内容とする謀議を行い、それによって犯罪を実行したときに認められます。このような共謀に参加した以上、直接実行に加わっていない者でも、他人の行為をいわば自分の手段として犯罪を行ったという意味で、刑事責任に違いはないというのです(最高裁判所一九五八年五月二八日大法廷判決)。このような共同謀議は、犯行より前にあらかじめ行われる場合ばかりではなく、犯行現場において行われることもあります(これを現場共謀といいます)。また、共謀を認めるためには、犯罪を謀議する行為が行われたことが必要だというわけではなく、共同者間で暗黙の意思連絡があるにすぎない場合でも共謀は認められることがあるとされています(最高裁判所二〇〇三年五月一日決定)。

検察官が起訴する共犯事件のほとんどは共同正犯として扱われており、共同正犯においては、共謀が認められるかが決定的に重要となっています。こうして、共謀共同正犯という共同正犯が認められているということは、日本の共犯事件の処理を理解する上で、極めて重要な意味があるのです。学説では、かつて、実行行為の分担をした者だけが共同正犯となるという立場が有力でしたが、現在の学説は、むしろ、共謀共同正犯自体は認めて、それを適正な範囲にとどめようと努力する方向にあるといえます。

教　唆

人をそそのかして犯罪を実行させたときに成立する教唆は、意外にその成立要件が厳格です。なぜなら、教唆が成立するためには、犯罪のそそのかしの前にそそのかされた者に犯意がなかったことが必要となるからです。つまり、罪を犯すつもりのない者がそそのかしによってはじめて罪を犯す意思が生じたことが必要なので、そのことが証明されなければ教唆として有罪とすることはできません。そそのかし以前にすでに犯意があった者が、そそのかしによってその犯意が強められたという場合には、教唆ではなく、幇助となるのです。

また、数人が話し合っているうちに、次第に犯意が作られ、犯罪を行うことになったという場合にも、どのようなそそのかしによって誰が犯意を抱いたのかがはっきりしないことが想定されます。このときには、教唆の成立を認めることは難しくなります。しかし、このような場合でも、共謀が認められ、それに参加したということができれば、共謀共同正犯が成立する可能性はあります。共謀共同正犯という観念は、こうした状況にも対応できるという意味で、「役に立つ」ものだと評価することもできるでしょう。

幇助

人が犯罪を実行しようとするとき、それを助けると幇助となります。援助の仕方・態様としては、犯行に役立つ道具を与えること(これは、物理的幇助と呼ぶことができます)だけでなく、罪を犯す意思を維持し、強めること(これは、心理的幇助です)も認められます。幇助は犯罪の実行を助け、犯行を促すことで足りるとされており、援助がなければ罪を犯すことができなかったというようなことは必要ないと一般に考えられています。

第四章　犯罪はどんなときに成立しないか

1　犯罪の成立が否定される場合

犯罪が成立しなくなる

第三章では、犯罪はどんなときに成立するかについて考えました。そこで述べた犯罪成立の要件（行為、結果、因果関係、意思）がみたされない場合には、当然のことですが、そもそも犯罪が成立することはありません。本章で考えようとするのは、このような意味で犯罪が成立しない場合ではなく、犯罪の成立に普通必要な要件はみたされてはいるのですが、例外的な特殊事情のために犯罪の成立が否定されるという場合です。このようなことはどのような場合に認められるのでしょうか。

刑法学では、このように、犯罪成立に必要な要件が一応みたされて、普通は犯罪となるような場合なのに、例外的な事情のため、犯罪成立が結局は否定されることを（犯罪成立の）「阻却《そきゃく》」と呼んでいます。そして、例外的に犯罪の成立を阻却する事情を「阻却事由」といいます。以下では、犯罪の成立要件が一応みたされてはいるものの、例外的な阻却事由があるために、犯罪が成立しなくなる場合について考えてみます。

違法性と責任

犯罪であることの性質とは一体何でしょうか。まず、それは法で禁止された行為だということです。法で禁止されない行為を行うことは自由であるのに対し、犯罪は防がれるべきものとして禁止され、その違反が処罰されているのです。これはあまりに当然のことですが、犯人の行為が法で禁止されたものであることが犯罪の成立を認めるためには必要なのです。法的禁止に反していること、犯人の行為のその性質を「違法性」といいます。つまり、犯罪であるためには、犯人の行為が「違法」であることが必要となるのです。

次に、法で禁止された違法行為を行ったことについて、犯人を非難できることが必要です。そうでなければ、法的な非難という意味をもつ刑罰を科することは許されません。このように非難できること、非難の可能性を「責任」といいます。つまり、犯罪であるためには、法で禁止された違法行為を行ったことについて、犯人に責任があることが必要となるわけです。

こうして、犯罪は、違法性と責任という性質をそなえたものとして処罰されます。前章で述べた犯罪の成立要件は、犯人の行為に違法性と責任という性質を認めるために必要となるものということができるのです。そうだとすると、犯罪の成立要件は一応みたされているのに、犯罪の成立が阻却されるのは、違法性あるいは責任という性質が特別の事情のために認められなくなる(阻却される)ためだということになります。こうして、犯罪の成立を阻却する阻却事由には、違法性を阻却する違法性阻却事由と、責任を阻却する責任阻却事由とがあることになるのです。

責任阻却事由――責任を負う能力がない

本章では主として違法性阻却事由について考えることにしますが、その前に、責任阻却事由についても触れておきたいと思います。

まず、責任阻却事由として挙げられるのが、刑事責任能力がないこと、責任無能力です。これは、自分が行った違法行為について責任を負うことができる能力のない状態をいいます。刑法三九条一項は、「心神喪失者の行為は、罰しない」と定めていますが、ここで「心神喪失」(心「身」喪失ではありません。それでは、心も体も失われた! 状態になってしまいます)とは、精神の障害のために、行為が違法であると認識して、その認識に従って自分の行動をコントロールできる能力がない状態をいいます。つまり、行為の違法性を認識する能力(これを「弁識《べんしき》能力」ともいいます)がないか、あるいは、弁識能力はあっても、違法性の認識に従って行動を制御する能力（これを「制御能力」ともいいます）がない状態です。これに対して、弁識能力または制御能力が著しく減退した状態を「心神耗弱《こうじゃく》」といい、犯罪が成立しなくなるわけではありませんが、刑を軽くすることが必要になります（刑法三九条二項参照）。つまり、心神耗弱は責任阻却事由ではないですが、責任を軽くする責任減少事由とされているのです。

また、一四歳未満であること（これを、刑事未成年といいます）も、責任阻却事由です（刑法四一条）。これは、一四歳未満の少年は心神喪失者と同じ精神状態にあるという意味ではなく、犯罪を予防することを考えても、年少者に対して刑罰を科することは適当ではなく、その他の保護的な措置を用いた方がよいという政策的な判断の現れであるといえます。一三歳の中学生であれば、盗み（窃盗罪に当たります）は悪いこと、法で禁止されていることは当然わかっており、普通、そのために窃盗を犯さないことができるわけです。精神障害で心神喪失状態にある者と精神の状態は全く違います。

違法とは知らなかった

前章で触れましたが、故意を要件とする犯罪（故意犯）でも、自分の行為が法的な禁止に反する違法なものであるという意識、すなわち違法性の意識をもつことは必要とされていません。

国は国民に法を周知する責務がありますが、国民としては法を知る義務があるのです。したがって、たとえ自分の行為が違法なものだとは思わなかったとしても、そのことで処罰を免れることはできません。

しかし、行為が違法であることを知りようがない、それを知らないとしてもやむをえないのではないかと考えられる場合もあるでしょう。たとえば、ある法律の解釈について、その法律の実施を担当する役所に問い合わせたところ、自分がしようとする行為は許されるという回答があったので、それを信頼してその行為を行った場合には、国民として法を知る義務は尽くしたといえますので、実は役所の回答が誤っていてその行為が違法であったとしても、行為を行わないことを期待できません。それは、役所の回答を信頼するなというに等しいからです。したがって、役所の回答を信頼して行為を行ったことについて非難することはできないと思います。

このようなことから、違法性の意識がないというだけではなく、違法であることを知るのが事実上不可能で、それを期待することができないという例外的な場合には、犯人を非難できないという理由から、責任阻却を認めるのが学説における多数の見解となっています。つまり、このような学説は、違法性を意識する可能性がないことを責任阻却事由として認めていることになるのです。もっとも、最高裁判所はこのような解釈をまだ認めていないというのが現状ですが。

2　違法性がなくなる理由

禁止が解かれる

次に、行為に対する法の禁止が解かれて犯罪が成立しなくなる場合、すなわち違法性阻却について、考えてみることにしましょう。

たとえば、犯罪のいわば代表格である殺人も、死刑判決の執行であれば、その禁止は解かれ許されたものとなります。死刑は、刑法九条・一一条で刑罰とされ、また、執行の手続きは刑事訴訟法四七五条以下で決められていますので、死刑囚に対して死刑を執行すること、それにより死刑囚の生命を奪うことが許されるのはあまりに自明のことだといえます。かりに法で許された死刑執行を殺人として刑法が禁止して処罰するとすれば、同じ行為をある法は許し、さらにはそれを命じながら、別の法がそれを禁止するということになって、一国の法の内部で矛盾が生じることになってしまいます。国の法の秩序は矛盾のないように解釈されなければなりません。このことを「法秩序の統一性」と呼んでいます。したがって、普通は犯罪とされ禁止されている行為であっても、それをとくに許す法の規定がある場合には、その禁止は解かれ、違法性は阻却されると理解されなければなりません。刑法三五条は、「法令……による行為は、罰しない」としてこのことを定めているのです。

刑法には、このほかにも、刑法三五条で「正当な業務による行為は、罰しない」とする規定を違法性阻却事由として置いています。また刑法三六条には「正当防衛」が、さらに刑法三七条には「緊急避難」が違法性阻却事由として規定されています。このうち、正当防衛については、実際上も重要ですので、後で詳しく考えてみることにします。

正当な行為

すでに触れたように、刑法三五条は、「法令又は正当な業務による行為は、罰しない」として、違法性阻却事由を規定しています。これは「正当行為」と呼ばれる違法性阻却事由です。このうち、「法令……による行為」について違法性が阻却される理由は、すでに述べましたが、法秩序は矛盾なく解釈・運用される必要があるという法秩序の統一性にあるといえるでしょう。

もっとも、他の法が禁止する行為を例外的に許す場合には、その例外的なケースでは、禁止する理由や必要性を上回る積極的なプラスの利益が行為に認められるからだと考えることもできます。死刑執行の場合についていえば、それが許される根拠として、死刑執行による凶悪・重大犯罪の予防という積極的利益が、殺人の禁止という利益をその具体的ケースでは上回ると考えることになるわけです。このように「法令……による行為」について違法性が阻却される根拠・理由を実質的に説明することもできます。そして、こうした理解は、後で触れる違法性阻却の実質的な根拠を問題として、それを解明しようとする努力に連なるものといえるのです。

「法令……による行為」と違い、「正当な業務による行為」の違法性が阻却される根拠については問題があります。まず、「業務による行為」であれば、それだけで違法性が阻却されるわけではありません。職業的な博徒が行う常習賭博の違法性が、「業務」であることによって阻却されないことは当然でしょう。

では、賭博のように違法な「業務」とは違って、「正当な業務による行為」であれば、それだけで違法性が阻却されるのでしょうか。プロの運転手がする自動車運転は、「業務による行為」であるだけでなく「正当な業務による行為」ですが、運転中、過失で人を死傷させてしまった場合、「正当な業務による行為」としてその違法性が阻却されるといえないことも明らかです。そうだとすると、「正当な業務による行為」の場合には、正当な業務という限定はありますが、「正当な行為は罰しない」ということだけが定められていることになってしまいます。結局、正当な行為とは何か、違法性阻却の要件は条文に全く書かれていないことになるわけです。そのため、違法性の阻却が認められるための実質的根拠を明らかにする必要があります。それをはっきりさせることで、「正当な行為」とは何か、それをどのように判断するのかが明らかになりますから、それは、「正当な業務による行為」の解釈だけではなく、違法性や違法性阻却の理解にとっても重要な意味をもつことになるといえるでしょう。

医療行為

「正当な業務による行為」として違法性が阻却される身近な例は、医師が行う医療行為です。たとえば、医師が患者の生命を維持するため、あるいは健康を回復するために行う外科手術についてみてみます。患者の身体をメスで切開することは、それ自体としてみますと、患者の身体を傷つけるものですから、傷害罪(刑法二〇四条)に当たるように思われます。しかし、患者のために医学的に必要な手術を医療上適切な技術によって行った場合に、犯罪として処罰することは普通考えられません。それは、人の身体に傷をつけるのは一般的には禁止されていますが、それが適切な医療行為として行われる場合には、その禁止が解かれ違法性が阻却されることによるのです。このことはどのように説明されることになるのでしょうか。

かつては、専門的な知識をそなえた医師だけが、患者にとって何が最善かを判断できるから、そうした治療を施す権利があり、そのような「業務上の権利」のため、患者の身体を傷つける医療行為が許されるという理解もありましたが、現在ではこのような考えは採られていません。現在は、「患者の自己決定権」の思想、すなわち、自分の身体については患者が自分自身で判断し、決めることができるという考えが採られているのです。したがって、医師の行う医療行為も患者の意思に合致し、それに基づくことで許されるというのが基本的な考え方となります。

こうしたことから、①患者が医療行為に対して同意していること、②医療行為が患者の生命・健康の維持・回復にとって必要であること(医学的適応性)、③医療行為が医学上認められた医療技術に従って行われること(医術的正当性)の三つが、違法性阻却を認めるための具体的要件とされています。

このうち、①の患者の同意が、違法性阻却にとって最も中心となる要件だといえるでしょう。ただし、②の医学的適応性と③の医術的正当性をそなえた医療行為は、客観的には患者の健康の維持・回復に役立つもので、患者にとって普通は利益となるものです。したがって、普通は、健康の維持・回復を願う患者の意思に合致していると考えられます。この意味では、このような性質を欠いている、単なる利益侵害行為に対する場合よりも、患者の同意を認めることが容易だといえるでしょう。

いずれにしても、患者の同意が医療行為の正当化にとって基本的な要件であることに変わりはありません。そして、医療行為に対する患者の有効な同意を得るためは、病気の内容や医療行為の必要性などについての説明が必要で(いわゆるインフォームド・コンセント、「説明に基づく同意」が必要です)、どの程度の説明が求められるかはさらに問題となります。ともあれ、判断能力をそなえた患者が明示の意思で拒否する医療行為は、それを医師が患者にとってどうしても必要だと考えていたとしても、許されないのです。

取材行為——外務省秘密漏えい事件

国民の「知る権利」に奉仕する報道機関の取材活動も、「正当な業務による行為」として違法性が阻却されるよい例です。取材行為が犯罪として禁止された行為に当たる場合であっても、その禁止が解かれ許されることがあるのです。問題は、そのような違法性の阻却がどんな場合、どのような要件で認められるかです。この問題について最高裁判所が判断を示したのが、外務省秘密漏えい事件における決定でした。このケースを素材として、最高裁の考え方についてみることにします(最高裁判所一九七八年五月三一日決定)。

被告人は、新聞社政治部に勤める外務省担当記者でしたが、日米間の沖縄返還交渉の過程を取材するため、外務省審議官付の女性事務官Aに対し、ホテルで関係をもった後に、秘密文書の持ち出しを依頼しました。これが、国家公務員法一一一条・一〇九条一二号・一〇〇条一項が処罰している、「職務上知ることができた秘密」を職員が漏らすようそそのかす行為に当たるとして起訴されたのでした。

最高裁判所は、取材行為の許容性について、次のような考え方を示しています。すなわち、報道機関の国政に関する報道は、民主主義社会で、国民が国政に関与するため、重要な判断資料を提供し、「国民の知る権利」に奉仕するものなので、報道の自由は、憲法二一条が保障する表現の自由の中でもとくに重要である。また、報道が正しい内容をもつためには、報道のための取材の自由もまた、憲法二一条の精神に照らして、十分尊重に値する。そして、報道機関の国政に関する取材行為は、国家秘密の探知という点で公務員の守秘義務と対立するもので、時としては誘導・唆《さ》誘《ゆう》的性質を伴うものだから、報道機関が取材目的で公務員に対し秘密を漏らすようにそそのかしたからといって、そのことだけで、その行為の違法性が推定されるとするのは相当でなく、「それが真に報道の目的からでたものであり、その手段・方法が法秩序全体の精神に照らし相当なものとして社会観念上是認されるものである限りは、実質的に違法性を欠き正当な業務行為」である。しかし、報道機関であっても、取材に関し他人の権利・自由を不当に侵害する特権があるわけではないから、取材の手段・方法が贈賄《ぞうわい》・脅迫・強要などの一般の刑罰法令に触れる行為を伴う場合はもちろん、その手段・方法が一般の刑罰法令に触れないものであっても、取材対象者の個人としての人格の尊厳を著しく蹂躙《じゅうりん》するなど法秩序全体の精神に照らし社会観念上是認することができない態様のものである場合も、正当な取材活動の範囲を超え違法となる。

このように、最高裁判所は、取材行為の違法性が阻却されるためには、報道というその目的が正当であるというだけでは足りず、そのための手段・方法が「社会観念上是認される」ものであることが必要であるとしています。そして、次のような理由で違法性阻却を認めませんでした。

被告人は、当初から秘密文書入手の手段として利用する意図で女性事務官Aと関係をもち、Aがそのため被告人の依頼を断りづらい心理状態にあることに乗じて秘密文書を持ち出させたが、Aを利用する必要がなくなると、関係を消滅させてAを顧みなくなった。これは、取材対象者であるAの「個人としての人格の尊厳を著しく蹂躙した」ものであり、被告人の取材行為は、その手段・方法が、社会観念上、到底是認できない不相当なものだから、正当な取材活動の範囲をはみ出している。

最高裁判所のこのような判断の仕方は、「目的が正当か」、「手段が相当か」を考慮するもので、その背後には、違法性阻却についての一般的な判断枠組みがあることを思わせるものといえましょう。そして、このような判断方法については、さらに、次のようにいうことができます。起訴された被告人の行為について、そもそもそれが正当な目的のためにされたのでなければ、それを許す必要はおよそなく、違法なのはいわば当然で、違法性阻却は問題とならないといえます。つまり、正当な目的があることは、違法性阻却を認めるために当然必要となる前提条件だと考えることができるのです。そうだとすると、違法性阻却を認めるかどうかの判断で実際に重要となるのが、用いられた手段・方法が「社会観念上是認」できるものといえるかどうかだということになります。

けれども、こうした考え方によれば、結局、取材のために用いた手段・方法が相当でないため、つまり、用いられた手段・方法が「社会観念上是認」できないものであるために処罰されることになるのですから、それが処罰の実質的な根拠となってしまうのではないか、このケースでは、被告人は、秘密を侵害したから処罰されるのではなく、取材対象者の「人格の尊厳を著しく蹂躙した」から処罰されることになってしまうのではないか、という疑問が出てきます。つまり、国家公務員法の秘密漏示のそそのかし罪が、実は「人格の尊厳蹂躙罪」となってしまっているのではないか(なお、そもそもこのケースで「人格の尊厳の蹂躙」といったことが認められるか疑問だとの指摘もあります)ということです。これは、後で触れますが、手段・方法を、目的と関係させず独立して評価するという最高裁判所の判断枠組みによるものともいえるでしょう。

条文にない違法性阻却事由

ところで、刑法三五条に違法性阻却事由として定められている「正当な業務による行為」は、すでに述べましたが、業務という限定はあるものの、違法性阻却にとってそれに特別の意味があるわけではなく、「正当な行為については、違法性は認められない」といういわば当然のことを定めるものにすぎないと考えることができます。そうだとすると、「正当な行為」であれば、それが業務によるものでなくても、違法性は阻却されることになるはずです。つまり、このように考えると、「正当な行為」であれば、それが条文に違法性阻却事由として定められていなくても、その違法性は当然阻却されることになります。このように条文にはない違法性阻却事由を「超法規的違法性阻却事由」といいます。

超法規的違法性阻却事由は、条文にないという意味で、「法規」を「超えた」違法性阻却事由ですが、あくまでも現行法の枠内で認められるものです。現行法の外にある「超法的」違法性阻却事由ではありません。最高裁判所も、争議行為の際に行われた犯罪に当たる行為の違法性阻却について、その行為が争議行為に際して行われたという事実を含め、行為の具体的状況その他さまざまな事情を考慮して、それが法秩序全体の見地から許されるべきものかどうかを判定しなければならないとしており（最高裁判所一九七三年四月二五日大法廷判決）、個々の法規を超えた「法秩序全体の見地」に言及することで、超法規的違法性阻却事由の考えを認めているということができるでしょう。

問題は、「法秩序全体の見地」の中身をどのように考え、「正当な行為」といえるかどうかの判断基準をどのようなものと理解するのかにあるといえます。これは違法性阻却の要件・基準をどう考えるかという問題です。

違法性阻却に関する考え方

法律上処罰の対象とされている犯罪の類型（これを犯罪構成要件、または、単に構成要件ということは前章ですでに述べました）に当たり、普通は禁止されている行為について、その違法性阻却をどんな要件・基準で判断するのかという問題について考えることにします。その糸口として、前に触れた外務省秘密漏えい事件最高裁決定を再び取り上げることにしたいと思います。

外務省秘密漏えい事件では、秘密漏示のそそのかしという国家公務員法で処罰されている行為が取材行為として行われた場合に、その違法性をどのように判断すべきなのかが問題となっていました。そこで、違法でない正当な行為とされるために最高裁判所が必要とした要件は、①行為が報道という正当な目的によるものであること、そして、②その手段・方法が、法秩序全体の精神に照らし、相当なものとして社会観念上是認されることでした。これは、「正当な目的のための相当な手段か」という基準によって行為の違法性阻却を判断しようとする立場で、学説でも主張されてきたものです。

このような基準については、まず、次のことに留意する必要があります。これはすでに述べたことでもあるのですが、違法性阻却が問題となっている行為は、一般的には禁止されている行為なのですから、それが正当な目的を追求するものでなければ、違法性を阻却してその行為を許す必要は全くありませんし、また、そのような余地はないのです。したがって、右記の①

(目的の正当性)は違法性阻却のために必要な当然の要件であるといえます。そこで次に問題となるのが、②の要件(手段の相当性)です。

問題の行為が、そもそも処罰の対象とされている犯罪の類型に当たらなければ、刑法に関する限り、およそ禁止されていないのですから、改めて違法性阻却などを問題とする必要は全くありません。つまり、違法性阻却は、行為が法益侵害結果をもたらすものとして処罰の対象となっている犯罪行為の類型(構成要件)に当たることをそもそもの前提としています。そこで、右記②の「手段・方法が、法秩序の精神に照らし、相当なものとして社会観念上是認されるものであること」という要件を、問題の行為自体について、追求する目的と無関係に、独立して判断するとどうなるでしょうか。そうすると、その行為は刑罰で禁止されているわけですから、当然、「法秩序の精神に照らし、相当なものとして社会観念上是認される」とはいえないということになるでしょう。現に、最高裁判所も、事案の解決に直接結び付かない判断(これを、「傍論《ぼうろん》」といいます)としてですが、取材の手段・方法が贈賄・脅迫・強要など一般の刑罰法令に触れる行為を伴う場合には違法性阻却は認められないとしているのです。これでは、処罰の対象とされている犯罪の類型(構成要件)に当たる行為は、そのこと自体によって、およそ違法性は阻却されないことになってしまいます。これは、違法性阻却をおよそ認めないということを意味しますので、不適当なことは明らかでしょう。最高裁決定の理解としても、明らかに疑問があるように思います（この点については、後でもう一度触れます）。では、一体、前記②の要件（手段の相当性）はどのように理解すればよいのでしょうか。

そもそも、「正当な目的のための相当な手段か」という基準で違法性阻却を判断する場合には、「正当な目的」と「相当な手段」との関係をどのように理解するのかについて、まず考える必要があります。この点について考えられる理解としては、「手段」が相当かどうかは、それによって追求する「正当な目的」、それがもたらす積極的な利益・価値と比較して判断するという立場があるでしょう（これが、第一の立場です。後で第二の立場について触れます）。つまり、「手段」は、法益侵害をもたらすものなので犯罪として禁止されているわけですが、「正当な目的」を実現するためには、そのような「手段」がぜひとも必要で、そして、「正当な目的」として追求される積極的な利益・価値が、「手段」によって侵害される利益・価値を上回る場合には、全体としては積極的な利益・価値が実現されることになるわけです。このため、普通は禁止されている行為が、例外的に違法性阻却されて許されると考えるのです。

このような理解によれば、手段が「相当」かどうかは、「正当な目的」として追求される利益・価値を実現するために必要であり、それがもたらす利益・価値の侵害が、追求される利益・価値を下回っているか、によって判断されることになるでしょう。このような判断方法によれば、外務省秘密漏えい事件の場合、国民の知る権利の実現のために秘密漏示のそそのかしが必要といえるか、また、国民の知る権利という価値の実現と比べて、秘密漏示のそそのかしによって生じる法益侵害の程度が許される範囲にとどまっているか、ということによって、違法性が阻却されるかどうかは判断されることになるでしょう。

ところが、最高裁判所はそれとは異なった方法で判断を行って、取材行為の違法性阻却を認めませんでした。つまり、取材のために用いられた手段・方法が一般の刑罰法令に触れる場合はもちろんのこと、それに触れない場合であっても、取材対象者の個人としての人格の尊厳を著しく蹂躙するなど法秩序全体の精神に照らし社会観念上是認することができない場合にも、正当な取材活動の範囲を超えて違法となるとしているのです。これはどのように理解したらよいのでしょうか。実は、ここで問題とされているのは、起訴された犯罪行為自体ではなく、その手段となった行為の当否です。つまり、起訴された犯罪行為（秘密漏示のそそのかし）がもたらす害悪（法益侵害）ではなく、そのために手段として用いられた別の行為（取材対象者と関係をもち、そのため相手が依頼を断りづらい心理状態にあることに乗じて秘密文書を持ち出させたが、利用する必要がなくなると、関係を消滅させて顧みなくなったこと）を問題として、その行為のもたらす害悪を考えることで、違法性阻却を認めるかどうかを判断していると考えられます。

そこで問題となるのは、違法性阻却を判断するとき、起訴された行為とは別の、手段とされた行為がもたらす害悪をどのような形で考慮するのかということです。まず考えられるのは、手段とされた行為がもたらす害悪(この場合は、人格の尊厳の蹂躙)を起訴された行為がもたらす害悪(秘密漏示)に加え、これと、取材によって実現される利益・価値(報道)と比較するという方法です。つまり、違法性を判断する秤《はかり》の一方には、「正当な目的」を追求することで実現される利益・価値を載せ、他方には、起訴されている行為がもたらす害悪(法益侵害)のほかに、手段とされた行為がもたらす害悪を載せて、両者を比べることによって違法性を判断するというものです。

しかし、最高裁判所がこのような方法を採用しているといえるかどうかには疑問があるように思います。なぜなら、手段とされた行為が刑罰法令に触れる場合には、それだけで違法性は阻却されないとしており、プラスの価値とマイナスの侵害とを比べてはいないように思われるからです。しかも、最高裁判所は、手段とされた行為が犯罪である場合だけでなく、そうでなくとも「法秩序全体の精神に照らし社会観念上是認することができない」場合には、違法性阻却は認められないと考えているのです。また、「社会観念上是認できない」ことと、「正当な目的」を追求することで実現される利益・価値とを比較することは難しいといえましょう。なぜなら、そもそもこれらを同じ秤で量れるのかということ自体に疑問があるからです。このように考えてくると、もう一つの別な判断方法がでてきます。

それは、追求する目的とは無関係に、手段とされた行為に対する否定的な評価それ自体を理由として、起訴された行為の違法性阻却を認めないという考え方・方法です。最高裁判所はこのような方法を採用しているのではないでしょうか。つまり、どんなに「正当な目的」に奉仕して、積極的な利益・価値を実現する行為であっても、そのために用いられた手段・方法が「法秩序全体の精神に照らし社会観念上是認することができない」場合には、違法性阻却は認められないと考えるわけです。別のいい方をすれば、「法秩序全体の精神に照らし社会観念上是認できること」が、いかに「正当な目的」を追求する行為であっても、その違法性阻却を認めるために、越えなければならないハードルとなっているということです。

「正当な目的のための相当な手段か」という基準で違法性阻却を判断する場合には、「正当な目的」と「相当な手段」との関係をどのように理解するのかについて考える必要があるということについて先ほど触れましたが、この最高裁の考え方が、第二の立場です。この立場は、第一の立場のように、いわば「正当な目的」と比較することで「相当な手段」の範囲を考えるのではなくて、「相当な手段」かを、「正当な目的」から切り離して、独立して判断するというものです。このような立場では、どんなに価値の高い「正当な目的」を実現するためであっても、用いてはならない手段・方法があり、それが用いられた場合には、そのことによって違法性阻却は認められなくなるわけです。

違法性についての別の理解

すでに第一章で、「倫理違反」として犯罪を理解する立場と、「利益侵害」として犯罪を理解する立場の対立について触れました。これは、犯罪行為が法で禁止される理由をどのように考えるかについての対立でした。法で禁止される理由ということは、すなわち違法性の理解についての対立であったわけです。

本章で考えている違法性阻却、つまり、どんな場合に、どんな根拠から違法性がなくなるのかということは、当然のことですが、違法性についての理解を前提とし、それに基づいて決められるべきことです。前に触れた、「正当な目的のための相当な手段か」という違法性阻却の判断方法についての二つの異なった理解——「正当な目的」と「手段」の害悪とを比べる立場と、「正当な目的」から切り離して判断された「手段」の相当性を最終的で決定的な要件とする立場——は、このような違法性についての異なった理解——「利益侵害」として犯罪を捉える立場（法益侵害説）と「倫理違反」として犯罪を捉える立場（社会倫理説）——に実は対応していると考えることができるのです。順にみてみましょう。

「利益侵害」として犯罪を理解する立場からは、犯罪行為が禁止される理由は、それが法的に保護された利益を侵害するからです。そして、このような行為が例外的に許されるのは、後でやや詳しくみますが、①それが別の利益、しかも侵害する利益よりも価値の高い利益を守るために必要であるという場合か、または、②普通は法的に保護に値する利益が例外的に保護に値しないものになった場合のどちらかということになります。①の場合には、全体的にみますと、プラスの利益が守られたことになりますし、②の場合には、そもそも利益侵害がなかったということになるからです。「正当な目的のための相当な手段か」という違法性阻却の判断方法についての理解のうち、「正当な目的」と「手段」の害悪を比べるという立場は、侵害する法益に対して、守る法益が上回っているかを判断するものだということができるのです。

これに対し、「倫理違反」として犯罪を理解する立場からは、行為が禁止される理由は、それが倫理に反し、社会観念上是認しえないものであるからです。このような理解からは、普通は倫理に反する行為であっても、例外的に社会観念上是認されるものとなる場合に法的にも許されることになります。「正当な目的のための相当な手段か」という違法性阻却の判断方法についての理解のうち、「正当な目的」から切り離して判断された「手段」の相当性――しかも、その内容は社会観念上是認されるものかというものです――を最終的・決定的な要件とする立場は、「手段」に対する倫理的な評価によって違法性阻却を判断するものということができます。最高裁判所は、外務省秘密漏えい事件決定で、取材対象者の「人格の尊厳の著しい蹂躙」を理由として違法性阻却を否定していますが、取材で用いられた手段への倫理的な非難が理由となっているわけですから、「倫理違反」として犯罪、違法性を理解する立場に近い考え方を採ったと評価することができるでしょう。

刑法学では、犯罪を「利益侵害」として理解する立場は、法益侵害という結果の側面に着目して、それに対する否定的な評価(これを、結果の無価値・反価値という意味で、結果無価値・結果反価値といいます)を違法性の実質的な内容と考えることになります。このような見解は、一般に、「結果無価値論」(または「結果反価値論」)と呼ばれています。これに対して、犯罪を「倫理違反」と理解する立場は、犯人の意思を含む行為の側面に着目して、それに対する倫理的な否定的評価(これを、行為の無価値・反価値という意味で、行為無価値・行為反価値といいます）を違法性の重要な内容として理解することになります。このような見解は、「行為無価値論」（または「行為反価値論」）と呼ばれています。なお、本書では詳しく触れませんが、最近は、犯罪を「倫理違反」と考えない立場からも、行為無価値論が主張されていることを付け加えておきます。これは、行為の時点で、法益を保護するためになすべき義務（行為規範）を問題として、それに対する違反を行為無価値と理解するものです。

最近の刑法学では、犯罪は「倫理違反」として理解するのではなく、「利益侵害」として理解する見解が有力です。行為無価値論をこのような立場から基礎付けようとする見解が主張されるところにも、利益侵害という側面に着目するという学説の一般的傾向が反映されているといえるでしょう。それは一体なぜなのでしょうか。

それは、第一章で述べましたが、「一定の倫理を国民に刑罰で強制することは国としてなすべきことではないとの理解が広く受け入れられているから」です。さらには、殺人や窃盗といった犯罪に対する倫理的評価にはコンセンサスがあるとしても、普通は禁止されている行為が例外的に許されるべきなのかどうかが問題となる場面、つまり、違法性阻却の場面では、限界的なケースが問題となるわけですので、それに対する倫理的評価は必ずしも明らかではありませんし、それについてコンセンサスがあるかは疑問でしょう。とくに、ただ倫理的に非難しようというのではなくて、処罰すべきかどうかが問題となっているのですから、判断は一層微妙になります。

たとえば、外務省秘密漏えい事件での取材方法について、好ましくないと考える人に限ってみたとしても、それが処罰という意味で非難されるべきことなのかについては意見が分かれるでしょう。このような微妙な問題を、倫理的な非難という一種の直感的判断で解決してよいかには疑問がありうるのです。直感的判断には正しいものが含まれていることは認められるとしても、なぜそのような判断になったのかという理由は、直感ということの性質上、はっきりしませんので、考慮してはならないことに意識的・無意識的に影響されているかもしれません。また、そのような直感による判断は、後で、それが正しい判断なのかについて検証できないというところにも問題があるのです。したがって、直感的な倫理的評価は、後でその正当性を検証することができるような判断・評価に可能な限り変えるように努めることが望ましいといえます。直感的な倫理的評価を考慮することは、それを認めるとしても、ごく限られた最後の手段にとどめられるべきでしょう。

こうしたことから、違法性の内容は、利益侵害という観点から決められるべきであると考えることができるのです。そのようなものであれば、判断の正当性を後で検証することもできます。刑法学の世界では、倫理違反を内容とするかどうかは別として、行為無価値を考慮すべきだとする立場でも、利益侵害の観点からの評価を重要と考えるのが一般的なのは、このようなことを反映したものだということもできるのです。最高裁判所も、多くの場合には、このような理解を重視しているように思います。

違法性阻却の根拠と判断の基準

違法性阻却の判断に当たっては、行為に対する倫理的な評価を考えるかどうかは別として、利益侵害、さらには法益保護の観点が重要です。次に、このような観点から、違法性阻却の判断基準について考えることにします。

第一に、利益侵害、法益保護の観点から、違法性阻却の根拠としてまず考えられるのが、「法益性の欠如」ともいえる場合です。これは、侵害された利益が普通は保護に値するものなのに、具体的ケースの特別の事情で保護に値しないものとなった場合です。

その典型例として、「被害者の同意」を挙げることができます。これは、利益が侵害されることについて被害者自身が同意している場合です。たとえば、不要な書類をシュレッダーで裁断することに所有者が同意している場合には、文書毀棄《きき》罪（刑法二五九条）は成立しません。また、人の毛髪を勝手に刈り取ると暴行罪(刑法二〇八条)になりますが、理髪店で散髪するとき、理髪師には暴行罪は成立しません。これは、散髪することに本人が同意(!)しているからです。この場合には、不要な書類、長く伸びた毛髪に所有者・本人は価値を認めていないのですから、これらを裁断処分しても、散髪しても、そもそも保護に値する利益の侵害、すなわち法益侵害がないと考えることもできます。すでに触れましたが、医療行為が患者の同意によって許されることも同じく理解することができるのです。

第二の違法性阻却根拠は、「法益衡量《こうりょう》」という場合です。これは、保護に値する利益が侵害されたことは否定できないものの、それは、別のより高い価値のある利益を守るために、そのような侵害がどうしても必要であったということを理由として、違法性阻却を認めるものです。たとえば、道を歩いていたところ、暴走する自動車にひかれそうになったので、隣を歩いていた人を突き飛ばして辛うじて身を守ったという場合、他人を突き飛ばすという暴行(通常は、刑法二〇八条の暴行罪に当たります)は、より価値の高い、自分の命を守るために必要な行為であったことで、許されることになるのです。この場合には、確かに利益は侵害されているのですが、そのために他のより価値のある利益が守られたことによって、全体としてみると法益が保護された結果となっています。このように考えて、法益侵害があるにもかかわらず、法益保護の観点から違法性阻却を認めるわけです。「正当な目的のための相当な手段か」という判断で、「正当な目的」との関係で「相当な手段」を考える立場では、このような考え方が採られているといえるのです。

緊急避難

実は、「法益衡量」に基づく違法性阻却事由は、刑法三七条に緊急避難として置かれています。緊急避難とは、突然野犬に襲われて、他人の家の敷地内に逃げ込む場合(これは、住居侵入罪として処罰される行為です)のように、突然生じた災いを無関係の他人に転嫁して、その災いを避けることをいいます。つまり、何らかの原因で法益が侵害されそうになったときに、それを避けるため、無関係な他人の法益を侵害することが許される場合なのです。そのような行為が許されるためには、①利益を侵害から守るために別の法益を害することがどうしても必要であること、②避けた侵害(守った利益)と生じさせた侵害とを比べて、生じさせた侵害の方が大きくないことが必要となります。これらの点に「法益衡量」の考え方が現れているのです。

このような理解を前提として、次に、代表的な、緊急状態における違法性阻却事由である正当防衛(刑法三六条)について考えることにしましょう。

3　正当防衛

正当防衛とは

正当防衛は、自分の身を守るための当然の権利ですし、また、このことば自体がすでに日常用語となっていますから、法律について特別の知識のない人でも、どんなものかある程度推測することはできるでしょう。刑法三六条一項は、正当防衛について、「急迫不正の侵害に対して、自己又は他人の権利を防衛するため、やむを得ずにした行為は、罰しない」と定めています。どんな場合に、どの限度で正当防衛はできるのか、考えてみたいと思います。

正当防衛とは、いわれのない攻撃を受けて、生命など正当な利益が害されようとしている緊急状態で、利益を侵害から守るため、攻撃者に対して反撃行為を行うことをいいます。正当防衛として侵害を加えることは許される、つまり、侵害行為の違法性は阻却されるのです。

このような正当防衛については、いくつかの特徴があります。正当防衛について考える前に、その特徴をはっきりさせるため、注目される点をあらかじめ示しておくことにしましょう。まず、①正当防衛はいわれのない攻撃を行おうとする者に対してだけ認められます。それ以外の他人に対しては認められません。また、②攻撃から逃げることができても、逃げる必要はありません。攻撃者に立ち向かって反撃することが許されます。さらに、③攻撃者が加えようとしている侵害よりも重い侵害を加えることも場合によっては許されるのです。

正当防衛は、利益侵害が迫っている緊急状態で侵害を避けるために行う点で緊急避難と同じですが、侵害を避ける方法が違っています。つまり、緊急避難は侵害を無関係な他人にいわば転嫁する場合なのに対して、正当防衛は攻撃者自身に反撃して撃退する場合なのです。正当防衛の特徴として右に示した①②③のうち①は、このような侵害を避ける方法の違いによるものですが、どのような侵害行為が許されるかという点で重要なのが②③です。なぜなら、緊急避難だとすると、②については、逃げることで侵害を避けられるなら、逃げなくてはいけません。他人に転嫁することはできません。また、③については、生じさせた侵害が避けようとした侵害よりも大きい場合には認められないのです。ところが、正当防衛では、このような制約はないのです。

このように、正当防衛では、緊急避難よりも広い範囲の侵害行為について、その違法性が阻却されることになります。この点をどのように理由付け、説明するかは、刑法学の世界で理論的な関心事項となっています。これまでさまざまな議論が行われてきました。その点について本書で詳しく触れることはできませんが、たとえば、ある見解は、正当防衛は、侵害されそうな利益を守るばかりでなく、そのような侵害を禁止している法の秩序、それ自体を防衛するためのものである点に特徴があるとします。この見解によれば、利益を守る点で正当防衛と緊急避難は同じですが、正当防衛は、それに加えて法秩序の防衛もする点で、より大きな利益・価値を実現するものですから、緊急避難よりも広い範囲で違法性阻却を認めることができることになるのです。

また、別の見解は、とくに②に着目して、もしもいわれのない侵害を避けることができれば避けなければならないとすると、そのために、「行きたいところに行く自由」や「居たいところに居る自由」といった私たちの正当な利益が害されることになるとします。侵害がいわれのないものである限り、このようなことは認められないはずだとするのです。

いずれにしても、これらの議論は単なる理論的な興味だけで行っているのではありません。正当防衛についての基礎的な理解をはっきりさせて、そのような理解からその成立範囲を決めようとするもので、実際上も重要な意味があるといえるのです。

正当防衛はいつできるのか

緊急避難は自然災害などの場合にも認められるのですが、正当防衛は、条文の表現を使うと、「急迫不正の侵害」があるときにだけ認められます。この「急迫……の侵害」とは、利益が侵害される差し迫った危険があることをいいますが、それが「不正」なもの、法的に禁止された違法なものであることが必要なのです。ここに正当防衛の大きな特徴があります。

この点に関連して以前から議論があるのが、正当防衛は人による攻撃に対してだけできるのか、動物に対しては認められないのかということです。動物など、人以外の物による侵害に対して行う防衛を対物防衛と呼びますが、このような対物防衛が認められるかが問題とされてきたのです(もちろん動物を殺傷することが犯罪にならないとそもそも違法性阻却は問題になりませんので、他人が飼育している動物などの場合に限られます)。動物の襲来も「侵害」だとしても、それを「不正」といえるかが問題なのです。何かを「不正」というためには、それが法で禁止されていなければなりません。このように考えると、動物に対する正当防衛、対物防衛はできないことになるでしょう。なぜなら、法の禁止は人に対してだけ向けられるもので、動物の侵害が法で禁止されているとか、それが不正、違法であるなどということはできないからです。

しかし、それで解決するほど問題は単純ではありません。飼い主に命じられて襲ってくる飼い犬に対しては正当防衛ができます(他人の飼い犬を殺傷することは、器物損壊罪に当たる行為ですが、その違法性が阻却されることになります)。なぜなら、飼い犬を利用した飼い主自身による不正な侵害が認められるからです。これに対して、鳥獣保護法で保護されている野生動物の攻撃に対しては、依然として、正当防衛はできないことになりそうです(野生動物を殺傷する行為が鳥獣保護法違反の犯罪となるとしても、その違法性は阻却されないことになります)。もっとも、この場合でも緊急避難はできますが、違法性が阻却されるための要件はより厳格です。これはアンバランスではないでしょうか。つまり、飼い犬の攻撃に対しては、逃げることなく、その犬を殺傷することができるとする一方で、野生動物の攻撃に対しては、緊急避難の限度でしか自分の身を守ることができない、つまり、逃げることができるならば逃げなければならないとするのはどうでしょうか。このように二つの場合について、違った取扱いをすることに疑問はないでしょうか。これは十分に考慮に値する点です。このような理由から、学説には、対物防衛を認める有力な見解もあり、また、正当防衛とはいえないとしても、少なくとも、正当防衛に準じた違法性阻却事由(いわば準正当防衛)として扱うべきだという見解もあります。対物防衛を認めるかどうかは、なお検討しなければならない問題であり続けているのです。

正当防衛が認められるためには、侵害が差し迫っていなければなりません。条文では「急迫」と表現されていますので、急迫性の要件ということができます。この点の理解をめぐって、重要な問題があります。それは、意外な侵害、不意打ちの侵害でなければ正当防衛はできないのか、つまり、侵害をあらかじめ予想していたときには正当防衛はできないのか、ということです。

結論的にいうと、侵害があらかじめ予想されていたという理由で正当防衛を認めないとするのは妥当でないように思われます。不意打ちの侵害に対してしか正当防衛ができないとしますと、たとえば、Aから連続して何回も殴られている被害者のBは、最初の一撃は不意打ちなので、それに対して正当防衛ができるとしても、殴られ続けてさらに殴られそうだという場合になると、正当防衛ができないことになりますが、これはおかしいでしょう。最初に防衛しなければ、後は殴られ放題ということになりかねません。

また、あらかじめ侵害が予想される場合には正当防衛ができないということになりますと、予想されたのにそれを避けないで侵害を受けた場合、正当防衛はできないのですから、自分の身を守るために相手を撃退して処罰されるか、処罰されたくなければ、いわれのない攻撃を甘受するしかないことになります。自分の身を守って処罰され、あるいは殴られ放題ということでは困りますから、侵害が予想される場合には、侵害を避けることが実際上必要になるでしょう。それでは、「行きたいところに行く自由」や「居たいところに居る自由」が害されることになってしまいます。つまり、いわれのない不正な侵害に屈して生活することが求められることになってしまうわけです。このようなことが適当だとは思われません。

最高裁判所も、「正当防衛について侵害の急迫性を要件としているのは、予期された侵害を避けるべき義務を課する趣旨ではない」として、「当然又はほとんど確実に侵害が予期されたとしても、そのことからただちに侵害の急迫性が失われるわけではない」としています(最高裁判所一九七七年七月二一日決定)。

防衛行為であるためには

正当防衛は不正な侵害から「自己又は他人の権利」を防衛するために認められます。つまり、他人を守るための正当防衛も認められているのです。たとえ正当防衛が法律上認められていても、力が弱く自力で防衛できない人にとっては、何の意味もありません。そこで、そのような人のため、その人に代わって他人が防衛することが認められているのです。

正当防衛としての行為(防衛行為)は、権利を守ることと全く関係のない加害行為ではいけませんが、それは、客観的に権利の防衛になるものであればよいのか、それとも、権利を守ろうとする意思(これを、「防衛の意思」といいます)でなされなければならないのかが、以前より問題とされてきました。学説では、客観的に権利防衛となる行為であればよく、防衛の意思はいらないとする見解も有力に主張されていますが、日本の裁判所は大審院の時代より現在に至るまで、防衛行為であるためには、防衛の意思が必要であるとしています。もっとも、防衛の意思の内容をどのようなものと考えるかについては、変化をみせています。

当初、大審院は、防衛の意思として、行為がもっぱら防衛の意図でなされること、防衛を動機としてなされることが必要であると理解していました。そこで、AとBとの喧嘩の仲裁にCが入ったところ、Bが立ち向かってきて胸ぐらをつかんだので、それに憤激してBを突き飛ばし海中に墜落させたというケースについて、Cには防衛の意思はないとして、正当防衛を認めなかったのでした(大審院一九三六年一二月七日判決)。

ところが、一九七〇年代以降、最高裁判所は、防衛の意思を緩やかに解釈するようになります。最高裁判所は、相手の加害行為に憤激し、または逆上して反撃を加えたからといってただちに防衛の意思がなくなるものではないとし、さらに、攻撃の意思が伴っていても、防衛の意思を認めることができるとしたのです。いわれのない攻撃を受けた場合に、「頭にくる」ことは自然なことです。憤激して対応すると防衛の意思がないとされ正当防衛が認められないとするのでは、実際上多くの場合で正当防衛が認められないことになってしまいます。これでは、正当防衛の規定は「絵に描いた餅」と同じです。最高裁判所が防衛の意思を緩やかに解釈しているのは、当然のことでしょう。

現在では、最高裁判所は、多少なりとも防衛の動機でなされる行為であれば、防衛の意思を認めており、防衛の意思がないとされるのは、防衛の動機に全く基づかない、もっぱら相手を害するための行為にすぎないとみることができます。

やむを得ずにしたこと

刑法三六条一項は、正当防衛は、権利を防衛するために「やむを得ずにした行為」でなければならないと定めています。これはどんな意味なのでしょうか。

実は、緊急避難も、危難を避けるために「やむを得ずにした行為」でなければなりません。そして、緊急避難の場合、これは、危難を避ける方法が問題の行為以外にないこと、つまり危難を避けるためにどうしても必要な行為だということを意味します。逃げることで危難を避けられるなら、そのようにしなければなりません。これに対して、正当防衛では、それとは違った意味で考えられています。前に触れましたが、逃げることで侵害を避けることができても、逃げずに反撃することができるのです。逃げなくてはいけないのだとすると、それで侵害を避けることができたとしても、「権利」が防衛できたとはいえないでしょう。これは、緊急避難と違う重要な点です。隣り合う条文で同じことばが使われているのに意味が違うというのは異例なことですが、正当防衛と緊急避難のあり方の違いからそのように考えられているわけです。

また、正当防衛と緊急避難には、もう一つ重要な違いがあります。緊急避難では、「生じた害」が「避けようとした害」の程度を超えていないことが必要です。つまり、災いからAという利益を守るために、Aよりも重要な利益であるBを侵害したという場合には、それがAを守るために唯一の方法だというときでも、緊急避難とはならないのです。ところが、正当防衛にはそのような制約はありません。Aを守るため攻撃者により大きな被害をもたらしたとしても、正当防衛になりうるのです。これも、緊急避難と違う重要な点です。

このように、正当防衛は緊急避難よりもかなり緩やかに認められるとはいっても、権利を防衛するためならば、どんな行為でも正当防衛になるわけではありません。後で示しますが、刑法三六条二項は「防衛の程度を超えた行為」は犯罪として処罰の対象となると定めています（その上で、刑を軽くしたり、免除したりできるというのです）。つまり、正当防衛にも守られなければならない「程度」があり、それを超えた場合には正当防衛は認められません。その限界はどのように判断されるのでしょうか。

最高裁判所の判断

この点に関する最高裁判所の判断をみることにします。Aが被告人の左手の指をつかんで逆にねじり上げたので、被告人は痛さのあまり、これを振りほどくため、右手でAの胸を強く突き飛ばしたところ、Aは仰向けに倒れて後頭部を近くの自動車のバンパーに打ち付け、加療四五日を必要とする頭部打撲傷を負ったというケースで、最高裁判所は、傷害の程度が重いことを理由に正当防衛を認めなかった原判決を次のような理由から破棄しました(最高裁判所一九六九年一二月四日判決)。

刑法三六条一項の「やむを得ずにした行為」(判決当時の条文では「已ムコトヲ得サルニ出テタル行為」でした)とは、侵害に対する反撃行為が、権利を防衛する手段として必要最小限度のものであること、すなわち反撃行為が侵害に対する防衛手段として相当性をもつものであることを意味する。反撃行為が右の限度を超えず、したがって侵害に対する防衛手段として相当性を有する以上、その反撃行為により生じた結果がたまたま侵害されようとした法益より大きくても、その反撃行為が正当防衛行為でなくなるものではない、と。

最高裁判所は、生じた結果が大きいことで正当防衛の成立を否定してはならないとしましたが、どのような反撃行為が正当防衛となるかについて、一体どんな判断基準が示されたのでしょうか。この点についての理解は、実は必ずしも簡単ではありません。なぜなら、最高裁判所は、やむを得ずにした行為であるためには、防衛手段として「必要最小限度」のものであることが必要であるとし、それを「防衛手段として相当性」をもつものだとしていますが、そこにいう「必要最小限度」の意味がはっきりとしないからです。「必要」とは、文字通りの意味で理解すれば、「必ず要る」ということですから、侵害から逃げることで身を守れるのに反撃した場合、その反撃が「必要」であるといえるのか疑問です。

しかし、前にも申しましたが、侵害から逃げることで身を守るというのでは、「権利」が防衛されたとはいえないでしょう。「権利」という以上は、いわれのない侵害に対して、その正当性を主張しうるはずですし、そのようなものとして保護されなければならないと思われます。そうだとすると、侵害から逃げることは必要でないと考えなければなりません。このことを前提にして、やむを得ずにした行為の意味は理解される必要があるといえるでしょう。このように考えてくると、侵害から逃げずに、権利を防衛するために「必要最小限度」といえる手段が正当防衛として許されると理解することができるように思います。そこで次に問題となるのは、「必要最小限度」の判断基準です。

先に示した最高裁判決は、その後の下級裁判所(地方裁判所・高等裁判所)から、どんな行為が防衛行為として許されるかは、生じた結果の大きさによってではなく、用いられた手段それ自体で判断されなければならないとするものと理解されたように思われます。さらに、防衛の手段については、防衛のために使われた「武器」が侵害の「武器」と「対等」な場合に、それは許されるという理解が生じることになりました。この理解は、「武器対等の原則」とも呼ばれています。侵害者がナイフを使った場合には、防衛手段として、ナイフを使うことまではできるが、拳銃を使うことは許されない、侵害者が素手で攻撃してくる場合には、素手で反撃する必要があり、ナイフを使うことは許されないといった形で理解されることになったのです。

「武器対等の原則」の修正

「武器対等の原則」によりますと、素手での攻撃に対してナイフを使うことは許されません。そこで、自動車の駐車位置をめぐるトラブルから、「殴られたいのか」といって手拳を前に突き出し、足を蹴り上げる動作をしながら被告人に近づいてきたBに対して、菜切り包丁を構えて、「殴れるのなら殴ってみろ」、「切られたいのか」などと脅したという事案について、そのような「武器対等の原則」の理解から、正当防衛の成立を否定する高等裁判所の判決が出されることになりました。ところが、最高裁判所は、次のように、この判断は誤りであるとしたのです（最高裁判所一九八九年一一月一三日判決）。すなわち、被告人は、Bからの危害を避けるための防御的な行動に終始していたのだから、その行為が防衛手段としての相当性の範囲を超えたものとはいえない、と。

最高裁判所が破棄した高等裁判所の判決は、「素手 対 菜切り包丁」という理解から、「武器対等の原則」によって正当防衛を認めなかったことは明らかです。最高裁判所は、その判断を否定することで、「武器対等の原則」の理解を修正したといえるでしょう。このケースが、菜切り包丁で被告人がいきなり攻撃者に傷害を負わせたというのであれば、正当防衛にならなかった可能性が高いと思いますが、そのような事案ではありません。これは、菜切り包丁を構えてBが近づくのを防ごうとした事案で、最高裁判所も指摘しているように、危害を避けるための「防御的な行動」に終始していた事案です。仮に「武器対等」を問題とするとしても、「武器」はそれをどのように使うのかということと切り離して理解することはできません。包丁でも、攻撃的に相手を刺すのか、相手が近づくのを防ぐために自分の前でそれを示すのかでは違います。武器が「対等」かどうかは形式的にではなく、このようにして、実質的に判断される必要があるのです。右の最高裁判決はこのことをはっきりと示しているといえましょう。

いわれのない侵害を排除するためには、その威力を上回る手段を利用することが必要なときがあります。しかし、この場合には、できるだけ威力の低い手段を威力の低い方法で使うことが求められるといえるでしょう。これが「必要最小限度」の意味だと理解できます。したがって、防衛手段を選ぶことができる場合には、侵害を排除できるものでもっとも威力が低いものを使うことが求められます。ナイフで攻撃された場合、手元にナイフ、銃があるのならば、威力がより低いナイフを使うことが求められるでしょう。これに対して、銃しかなければ銃を使うことができますが、しかし、その場合でもいきなり撃って怪我をさせることは許されず、銃を使った威嚇、さらには威嚇射撃が求められるのです。

このように許される手段を用いた場合には、たとえ重大な結果が生じたとしても、正当防衛になると考える必要があるでしょう。そうでなければ、結局、攻撃から自分の身を防衛できないということになりかねないからです。

正当防衛としての反撃は、突然一方的にいわれのない攻撃を受け、それに対してなされる場合も確かにありますが、相手と以前から互いに対立しあっていて、それが基で喧嘩に発展し、そのときになされることも多いでしょう。このような場合に、正当防衛をどのような範囲で認めるのかは大変に重要で、また、解決することが難しい課題なのです。なぜなら、一方が他方から攻撃される場面だけをみれば、攻撃を受けた者は正当防衛できるようにみえますが、その攻撃自体が、それ以前の攻撃に対する反撃としてされる場合もあるからです。このような場合には、攻撃自体が正当防衛として許され、それに対する反撃は許されないということも十分に考えられます。このようなことから、喧嘩など相互に争っている状況で正当防衛の判断をどのように行うかについては、難しい問題があるのです。

かつて大審院は、喧嘩の場合には、「喧嘩両成敗」という考え方があるように、正当防衛を認める余地はないとしていました（大審院一九三二年一月二五日判決）。しかし、喧嘩の際になされる一つ一つの行為すべてに正当防衛を認めるのが適当でないことと同じく、正当防衛の余地を一切認めないことも適当ではありません。そうしたことから、最高裁判所は、争う状況を全般的にみなければならないとしながら、正当防衛が適用される余地を認めるようになったのです（最高裁判所一九四八年七月七日大法廷判決、最高裁判所一九五七年一月二二日判決など）。

そこで、正当防衛の成否を判断する重要な基準となるのは、正当防衛の前提として必要な「急迫不正の侵害」の急迫性の要件と、防衛の意思の要件です。最高裁判所は、この二つの要件の解釈で、正当防衛が成立する範囲を決めようとしているのです。

まず、侵害の急迫性についてみることにします。すでに触れたように、侵害を予想・予期していたからといって、侵害の急迫性が失われて、正当防衛ができなくなるわけではありません。しかし、最高裁判所は、単に予期された侵害を避けなかったというばかりでなく、「その機会を利用し積極的に相手に対して加害行為をする意思」で侵害に立ち向かった場合には、侵害の急迫性は認められないとしています(最高裁判所一九七七年七月二一日決定)。

確かに、一般的にいえば、予想・予期した攻撃・侵害を避けることは必要でないとしても、攻撃を避けることで何の不利益が生じることもなく、また簡単に避けられるような場合にも、攻撃を避けずに反撃してよいかは問題です。つまり、必要もないのにわざわざ相手の攻撃を待ち受けて、その機会を利用して反撃し、相手に侵害を与えようとしている場合にまで、正当防衛を認める必要があるかは疑問でしょう。

たとえば、侵害者が攻撃のためやって来ると予想される場所に、そこに居る必要もないのにあえてとどまって、ダメージを与えるため侵害者を待ち受ける場合や、侵害者が待ち受けている場所を通らなくても別ルートで同じく目的地に行けるのに、反撃してダメージを与えるために、わざわざ侵害者の居る場所を通るような場合にまで、正当防衛を認める必要はないと考えることができます。このような場合には、予想される侵害を避けることを求めても、不利益がもたらされるようには思われません。むしろ、このような場合には、侵害を避けることを求めることで、侵害とそれに対する反撃を避けることができますので、被害を避けるという観点からは望ましいということができるでしょう。

次に、防衛の意思についてみてみます。すでに触れましたが、侵害に対して憤激していても、また攻撃の意思があっても、それだけでは防衛の意思はなくなりません。しかし、最高裁判所は、それだけではなく、相手に対し以前より憎悪の感情をいだいて、攻撃を受けることを利用して、相手に積極的に害を加えるといった特別な事情がある場合には防衛の意思は認められないとしています（最高裁判所一九七一年一一月一六日判決）。また、防衛に名を借りて侵害者に対し積極的に攻撃を加える行為については、防衛の意思はないとしています（最高裁判所一九七五年一一月二八日判決）。要するに、最高裁判所は、防衛の動機が全くなく、ただ相手に攻撃を加えるにすぎない場合には、防衛の意思がなくなり、正当防衛は認められないとしているのです。そのような行為は単なる攻撃行為であって、およそ防衛行為とはいえないという理解がそこにはあるといえるでしょう。

過剰な防衛

いわれのない不正な攻撃に対して、権利を防衛するために行う防衛行為であっても、「防衛の程度を超えた行為」については正当防衛が成立しません。このような防衛の「やりすぎ」を過剰防衛といいます(刑法三六条二項)。つまり、正当防衛であるからといって無制限な反撃が許されるわけではないのです。

過剰防衛は、違法性阻却が認められませんので、犯罪となりますが、裁判所は、その裁量で、刑を軽くしたり、免除したりすることができます。これは、「防衛の程度を超えた」ために違法性は阻却されないとしても、攻撃に直面した緊急状態では、冷静に判断して、反撃を許される程度にとどめることが難しい場合があることに配慮したものです。いわれのない侵害に直面した場合、恐怖心から「やりすぎる」ことは十分に考えられるでしょう。犯罪ではあっても、刑について特別の扱いができるのは、こうした人の「弱さ」が考慮されているのです。

あとがき

本書では、犯罪とは何かということについて、基礎となるいくつかの問題について考えました。犯罪が成立するというためには、通らなければならないいくつかの関門がありました。そこでは、さまざまに違った考慮が問題となり、それぞれ独自の世界が開かれていることが明らかになったと思います。刑法について、犯罪について考えるというのは、そうした問題を、それぞれの世界の論理に従って考えることであり、単に事実に条文を当てはめるというにとどまらない知的ないとなみにほかならないのです。

本書を読まれて犯罪と刑罰のあり方に関心をもたれ、さらに考えを進めたいと思われたならば、次の段階として、犯罪と刑罰に関する法である刑法の基礎的な概説書を読まれることをおすすめします。そのようなものとしては、優れた書物がいくつもありますが、ここでは、次の三冊をご紹介することにします。いずれも、優れた刑法学者が著したもので、信頼できる好著です。

内藤謙『刑法原論』（岩波書店）
西田典之『刑法』（放送大学教育振興会）
井田良『基礎から学ぶ刑事法　第二版』（有斐閣）

これらの書物をひもとかれれば、刑法の世界がさらに身近なものとなるでしょう。その上で、さらに、刑法について本格的に考えたいという方には、刑法の理解・解釈について詳しく述べた書物をお読みいただくことになります。次の二冊は刑法の理解に関する二つの違った見方を代表する書物で、現在の刑法学の基礎を形作ったものといってもいいすぎではありません。

団藤重光『刑法綱要総論　第三版』（創文社）
平野龍一『刑法総論　Ⅰ・Ⅱ』（有斐閣）

本書の出版に当たっては、いろいろな方に直接・間接に助けていただきました。岩波書店世界編集部の伊藤耕太郎さんには、本書の執筆を勧めていただきました。また、岩波新書編集部の小田野耕明さんには、この種の書物の執筆経験がない筆者に対して、懇切なご助言をいただきました。とくにこのお二人のお名前を記してお礼を申し上げたいと思います。

二〇〇八年三月

山口　厚

保護観察　13
保護処分　25
保護法益(法益)　37, 103
保障人的地位　146
没収　16

ま 行

未遂犯　163
未必の故意　152
明確性の原則　89
目的刑論　46, 48

ら 行

利益侵害　33, 197
略式命令請求　29
倫理違反　32, 197
類推解釈　71
令状主義　26
労役場留置　5, 16

事後法の禁止　75
事実的因果関係　111
事実の錯誤　155
実刑　13
実行の着手　164
執行猶予　12, 16
実体的デュープロセスの理論　86
社会倫理説　197
自由刑　5, 8
取材行為　184, 190
準刑法　23
条件説　117
上訴　31
心神耗弱　177
心神喪失　176
真正不作為犯　130
制御能力　177
正当行為　180
正当防衛　204
生命刑　5
責任　175
責任阻却　176
責任阻却事由　176
責任無能力　176
捜査　26
相当因果関係説　117
遡及処罰の禁止　60, 75
訴追　28

た 行

対物防衛　207
逮捕　26
打撃の錯誤　158
他行為可能性　54
単一刑論　12
懲役　8
超法規的違法性阻却事由　189
追徴　5, 17
特定委任　64
特別予防　48
特別予防論　48

は 行

罰金　15
犯罪　2, 32
犯罪構成要件　91, 150
判例の不遡及的変更　80
被害者なき犯罪　35
非難　18, 44, 53
非難可能性　54
武器対等の原則　216
不作為　127
不真正不作為犯　130, 146
弁識能力　176
保安処分　55
防衛の意思　211, 221
法益衡量　202
法益侵害説　197
法益性の欠如　201
幇助　167, 172
法秩序の統一性　180
法定的符合説　156
法的因果関係　115
法律主義　60, 62

索　引

あ 行

一般予防　48
一般予防論　50
違法性　175
違法性阻却　179
違法性阻却事由　176
医療行為　182
因果関係　109
応報刑論　46

か 行

拡張解釈　71
過失　103, 161
過剰防衛　222
仮釈放　14
科料　15
危険犯　106
起訴　28
起訴便宜主義　28
起訴猶予　28
逆送　26
急迫不正の侵害　207, 220
教唆　43, 167, 171
強制捜査　26
共同正犯　166, 167
共犯　165
共謀共同正犯　169
緊急避難　203
禁錮　8
刑の執行率　15
刑罰　4, 5, 17, 44
刑罰の最終手段性　38
刑罰の峻厳性　38
刑法　2, 20
刑法の断片性　38
結果　103
結果無価値論　198
検察官送致　27
故意　103, 149
行為　126
行為客体　104
行為の危険性の現実化　122
行為無価値論　199
構成要件　150
構成要件該当事実　150
公判請求　29
公判手続　30
勾留　26
拘留　12

さ 行

罪刑法定主義　21, 58
財産刑　5, 15
裁判員制度　31
作為　127
作為義務　132
死刑　6, 32

山口　厚

1953年生まれ
1976年東京大学法学部卒業
元最高裁判所判事，東京大学名誉教授，早稲田大学名誉教授
専門—刑法学
著書—『危険犯の研究』(東京大学出版会)
『刑法総論［第3版］』
『刑法各論［第2版］』
『刑法［第3版］』(以上，有斐閣) ほか
共著—『理論刑法学の最前線』
『理論刑法学の最前線 II』(以上，岩波書店) ほか

刑法入門　　岩波新書(新赤版)1136

2008年6月20日　第1刷発行
2024年4月15日　第19刷発行

著　者　山口《やまぐち》　厚《あつし》

発行者　坂本政謙

発行所　株式会社 岩波書店
〒101-8002 東京都千代田区一ツ橋2-5-5
案内 03-5210-4000　営業部 03-5210-4111
https://www.iwanami.co.jp/

新書編集部 03-5210-4054
https://www.iwanami.co.jp/sin/

印刷・精興社　カバー・半七印刷　製本・中永製本

ISBN 978-4-00-431136-2　Printed in Japan

岩波新書新赤版一〇〇〇点に際して

ひとつの時代が終わったと言われて久しい。だが、その先にいかなる時代を展望するのか、私たちはその輪郭すら描きえていない。二〇世紀から持ち越した課題の多くは、未だ解決の緒を見つけることのできないままであり、二一世紀が新たに招きよせた問題も少なくない。グローバル資本主義の浸透、憎悪の連鎖、暴力の応酬——世界は混沌として深い不安の只中にある。

現代社会においては変化が常態となり、速さと新しさに絶対的な価値が与えられた。消費社会の深化と情報技術の革命は、種々の境界を無くし、人々の生活やコミュニケーションの様式を根底から変容させてきた。ライフスタイルは多様化し、一面では個人の生き方をそれぞれが選びとる時代が始まっている。同時に、新たな格差が生まれ、様々な次元での亀裂や分断が深まっている。社会や歴史に対する意識が揺らぎ、普遍的な理念に対する根本的な懐疑や、現実を変えることへの無力感がひそかに根を張りつつある。そして生きることに誰もが困難を覚える時代が到来している。

しかし、日常生活のそれぞれの場で、自由と民主主義を獲得し実践することを通じて、私たち自身がそうした閉塞を乗り超え、希望の時代の幕開けを告げてゆくことは不可能ではあるまい。そのために、いま求められていること——それは、個と個の間で開かれた対話を積み重ねながら、人間らしく生きることの条件について一人ひとりが粘り強く思考することではないか。その営みの糧となるものが、教養に外ならないと私たちは考える。歴史とは何か、よく生きるとはいかなることか、世界そして人間はどこへ向かうべきなのか——こうした根源的な問いとの格闘が、文化と知の厚みを作り出し、個人と社会を支える基盤としての教養となった。まさにそのような教養への道案内こそ、岩波新書が創刊以来、追求してきたことである。

岩波新書は、日中戦争下の一九三八年一一月に赤版として創刊された。創刊の辞は、道義の精神に則らない日本の行動を憂慮し、批判的精神と良心的行動の欠如を戒めつつ、現代人の現代的教養を刊行の目的とする、と謳っている。以後、青版、黄版、新赤版と装いを改めながら、合計二五〇〇点余りを世に問うてきた。そして、いままた新赤版が一〇〇〇点を迎えたのを機に、人間の理性と良心への信頼を再確認し、それに裏打ちされた文化を培っていく決意を込めて、新しい装丁のもとに再出発したいと思う。一冊一冊から吹き出す新風が一人でも多くの読者の許に届くこと、そして希望ある時代への想像力を豊かにかき立てることを切に願う。

（二〇〇六年四月）